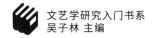

文艺学研究入门书系
吴子林 主编

马克思主义
文学理论

傅其林◎著

浙江工商大学出版社 | 杭州
ZHEJIANG GONGSHANG UNIVERSITY PRESS

图书在版编目（CIP）数据

马克思主义文学理论 / 傅其林著. -- 杭州 ： 浙江工商大学出版社，2025. 5. --（文艺学研究入门书系 / 吴子林主编）. -- ISBN 978-7-5178-6300-7

Ⅰ. A811.691

中国国家版本馆 CIP 数据核字第 2025M7L369 号

马克思主义文学理论
MAKESI ZHUYI WENXUE LILUN

傅其林 著

出 品 人	郑英龙	
策　　划	任晓燕　陈丽霞	
责任编辑	张晶晶	
责任校对	都青青	
封面设计	朱嘉怡	
责任印制	屈　皓	
出版发行	浙江工商大学出版社	
	（杭州市教工路 198 号　邮政编码 310012）	
	（E-mail：zjgsupress@163.com）	
	（网址：http://www.zjgsupress.com）	
	电话：0571-88904980，88831806（传真）	
排　　版	杭州浙信文化传播有限公司	
印　　刷	杭州高腾印务有限公司	
开　　本	880 mm×1230 mm　1/32	
印　　张	6.625	
字　　数	128 千	
版 印 次	2025 年 5 月第 1 版　2025 年 5 月第 1 次印刷	
书　　号	ISBN 978-7-5178-6300-7	
定　　价	36.00 元	

总　序

主编这套书系的动机十分朴素。

文艺学在文学研究中一直居于领军地位，对于文学研究的各个领域有着重要的方法论意义。然而，真正了解文艺学研究现状及其态势者并不多。出于实用主义的考虑，大多数文学专业的本科生、研究生并未能较为深入地理解和把握"批评的武器"。为了满足广大文学爱好者、研究者的理论需求，我们组织编写了这套"文艺学研究入门书系"。

"文艺学研究入门书系"共 10 本，分别是《马克思主义文学理论》《文学基本理论》《中国古代文论》《西方文论》《比较诗学》《文艺美学》《艺术叙事学》《网络文学》《媒介文化》《文化研究》。这套书系的作者都是学界的中坚力量，他们在各自的领域深耕细作数十年，对其中的基本概念、范畴、命题，以及研究论题、研究路径、发展方向等都了如指掌，并有自己独到的见地。

"文艺学研究入门书系"旨在提供一个开放的思想／理论空间，每本书都在各章精心设计了"研讨专题"，还有相关的"拓展研读"，以备文学爱好者、研究者进一步阅读、探究之需，以期激活、提升其批判性的理论思维能力。

"文艺学研究入门书系"重视理论的指导性与实践性，在叙述上力求简明扼要、深入浅出，努力倡导一种学术性的理论对话，在阐释各种理论的过程中，凸显自己的"独得之秘"。

我希望"文艺学研究入门书系"的编写、出版对广大文学爱好者、研究者有所助益。让我们以昂扬奋发的姿态投身于这个沸腾的时代，用自己的双手和才智开创文艺学研究的美好未来。

是为序。

吴子林

2024 年 5 月 22 日于北京不厌居

目　录 //*Contents*

第一章

/Chapter 1/

马克思主义
文学理论的基本问题

　　马克思主义是一种贯穿哲学、社会批判、历史研究、文学批评与美学的理论，它总是与批判性和时代性结合得很紧密，在技术高度发达的现代社会仍然具有生命力。从西方学界对马克思主义和马克思本人的评价来看，马克思主义依旧在全世界范围内具有影响力，马克思仍被认为是西方最著名的思想家之一。当今，马克思主义不仅在其理论范畴内部发挥作用，在非马克思主义领域也产生着重要的影响。

第一节 ●
　　　　　　　　　 ●
马克思主义的基本形态 ●

　　马克思主义理论可以划分为几个重要的形态。

　　第一种是黑格尔式的马克思主义。20 世纪的许多马克思主义者都重新认识了黑格尔对马克思的深远影响，认为不了解黑格尔，就不可能真正读懂马克思。马克思的历史唯物主义具有对黑格尔辩证法、历史哲学和现代性理念的深刻扬弃，它吸收了黑格尔哲学的辩证分析工具，又在黑格尔的精神辩证法上加以改造，将作为历史发展动力的精神还原为实践。列宁就是认同这种观点的一员。列宁在他的《哲学笔记》中就表明："黑格尔的这些推论中有许多神秘主义和空洞的学究气，可是基本的思想是天才的：万物之间的世界性的、全面的、活生生的联系，以及这种联系在人的概念中的反映。"①因此他主张正确认识黑格尔辩证法中合乎逻辑的成分，但同时又要消除观念论的神秘主义，解放绝对精神运动的抽象性，将它运用于劳动生产的范畴。

----

① 《列宁全集》第 55 卷，人民出版社 1990 年版，第 122 页。

卢卡奇的理论也鲜明地体现出黑格尔主义的马克思主义倾向。卢卡奇在《历史和阶级意识——马克思主义辩证法研究》这本书中从黑格尔的历史哲学出发重新解读马克思，认为黑格尔与马克思在把握历史总体性和发展性的问题上一脉相承。真正的马克思主义并不像庸俗马克思主义所说的那样是一种机械的经济决定论，而是把自身定位在主客统一的实践中，定位在由这种实践运动所产生的历史存在与历史意识的统一之中。他说："历史唯物主义和黑格尔哲学有着密切的联系，因为它们都把理论构想为现实的自我认识。"① 卢卡奇还指出，马克思对黑格尔的继承体现在对历史总体性的把握上。马克思主义的政治经济学所做的分析并不局限于经济生产的现象，而是从具体之中发现它的总体性联系，发现它的历史性本质。因此他说："马克思从未抛弃黑格尔的哲学的方法。黑格尔哲学的方法是始终如一的，这体现在他的《精神现象学》上——哲学的历史和历史的哲学。因为，黑格尔的思维和存在的辩证统一，如一个过程的统一和总体性一样，本质上也是历史唯物主义的历史哲学。"② 马克思主义是将唯物辩证法进行延伸的历史哲学，它与黑格尔哲学的区别在于，黑格尔哲学在应用维度上是保守的，而马克思则真正地把这

---

① 卢卡奇：《历史和阶级意识——马克思主义辩证法研究》，张西平译，重庆出版社1989年版，第19页。
② 卢卡奇：《历史和阶级意识——马克思主义辩证法研究》，张西平译，重庆出版社1989年版，第38页。

种辩证发展的历史总体性运用到了革命之中，把黑格尔的方法转变为"革命的代数"。

在东欧，捷克斯洛伐克的科西克（Karel Kosík）是从黑格尔哲学出发理解马克思主义的代表。但与卢卡奇关注"总体性"不同的是，科西克批判发展了卢卡奇对"具体总体"的看法。他认为，卢卡奇从具体到总体的本体论抽象所揭示的，仍然是一种脱离真正具体性和语境性的总体性神话，是与"绝对"如出一辙的概念。这种对抽象总体性的追求罔顾日常生活，是异化了的"伪具体性"。科西克主张从青年黑格尔的思想出发，将"物自体"理解为具体的实践本身，哲学研究并非将具体抽象为总体，相反，辩证唯物主义认识论是要从抽象上升到具体，把握具体的变化和生成。科西克最著名的一本书，就叫作《具体的辩证法——关于人与世界问题的研究》。他在书中说："马克思的理智发展集中体现并实现了黑格尔左派的基本要求：扬弃哲学。"[①] 他从青年黑格尔的思想中发现了辩证法对差异性和变化性的重视，发现了辩证法对一切定义的瓦解，因此对黑格尔体系的瓦解也就是对黑格尔辩证法的发展，"黑格尔体系的瓦解并没有造成理智的真空。'瓦解'恰好掩藏着丰富的哲学活动"，"社会主义

[①]　科西克:《具体的辩证法——关于人与世界问题的研究》，傅小平译，社会科学文献出版社 1989 年版，第 127 页。

是黑格尔的继续"[①]。

从这一角度出发，科西克指出真正的马克思主义就是对一切僵化的、荒诞的"伪具体"的破除，他对于卡夫卡小说的深入把握就是基于这种立场。科西克认为，现存世界就是充斥着"伪具体性"的世界，表象性的虚假观念不仅无法表现真实，还被用以反过来禁锢具体的人本身，卡夫卡的小说所揭示的正是这一事实："什么是卡夫卡式的世界？那是一个充斥着荒诞的观念、荒诞的行为与荒诞的梦想的世界。那是一个可怖而又冷漠的迷宫，一个力不从心的人类被捕获在官僚机器与物质圈套之中的世界，一个人们在为圈套导向的、异化的真实之中无能为力的世界。"[②] 在科西克看来，艺术发挥着摧毁"伪具体性"的作用，在哈谢克（Jaroslav Hašek）的小说中，帅克的"幽默"不是放荡，而是饱含丰富的马克思主义批判精神的。

法兰克福的代表人物哈贝马斯也是黑格尔主义马克思主义的代表。哈贝马斯认定"现代性"这一概念的起点孕育在黑格尔对现代的时间定义上。他在《现代性的哲学话语》中说："黑格尔起初把现代当作一个历史概念加以使用，即把现代概念作为一个时代概念。在黑格尔看来，'新的时代'（neue

① 科西克:《具体的辩证法——关于人与世界问题的研究》，傅小平译，社会科学文献出版社 1989 年版，第 131 页。
② Karel Kosík, *The Crisis of Modernity: Essays and Observations from the 1968 Era*, James H. Satterwhite, ed., London: Rowman & Littlefield Publishers, 1994, pp. 85-86.

Zeit）就是'现代'（moderne Zeit）。"[1] 现代作为"新的时间"不只指示某一时段，还指示一种时间的断裂意识，与过去历史的决裂。因此"现代"也就代表新的可能性、新的价值观。马克思对这一点有充分的理解。他在《共产党宣言》里写道："一切固定的东西都烟消云散了。一切神圣的东西都被亵渎了。"[2] 这指的就是资产阶级引发的现代性变革，它预设新的生产方式、新的社会关系、新的观念制度的出现，也意味着无产者的兴起。哈贝马斯对黑格尔哲学的运用也体现在他对"交往理性"的建构上。众所周知，黑格尔的精神运动不只表现为历史精神，也表现为世界精神。世界精神与康德的世界主义、歌德的世界文学概念有理论的沿承，现今的全球化也是一种世界主义的表现。哈贝马斯认为使世界精神得以成为可能的就是人与人的交往。但是随着现代交通技术的发展和通信网络的进步，交往一方面变得更为频繁，一方面也造成了某种失范和异化。哈贝马斯也主张从马克思的批判理论入手重建合乎理性的交往形式，这种通过对话形成的理性，实际上仍然有黑格尔哲学的影子。

第二种形态是现象学的马克思主义与存在主义的马克思主义。现象学运动是 20 世纪另一大具有广泛影响力的思潮，

---

① 哈贝马斯:《现代性的哲学话语》，曹卫东译，译林出版社 2011 年版，第 5 页。
② 哈贝马斯:《现代性的哲学话语》，曹卫东译，译林出版社 2011 年版，第 5 页。

它的源头是胡塞尔，后来海德格尔又将其与存在论进行结合，提出了一系列基于人的日常性存在的描述。我们如果比较地看海德格尔的《存在与时间》和马克思的《巴黎手稿》，会发现海德格尔对于"本真性"和"非本真性"的描述，实际上与西方马克思主义对"异化"问题的讨论有一定的相似性。海德格尔认为此在的存在具有本真和非本真的两种形态，本真的存在揭示存在的自然敞开，而非本真的存在则是一种沉沦于世界中的此在。非本真的存在不是说"不再存在"，而是说这种存在"完全被'世界'以及被在常人中的他人共同此在所攫获。这种'不是它自己存在'是作为本质上操劳消散在一个世界之中的那种存在者的积极的可能性而起作用的"[①]。非本真的存在总是被外在的意义所捕捉，形成了操心、畏惧等一系列情绪。它之所以是非本真的，就因为它已经失去了自身存在本来的面目。这就和马克思主义对"异化"的分析有着相通性。波兰马克思主义理论家沙夫（Adam Schaff）对异化的理解，就吸收了现象学对个体存在和日常生活的关注。他说："文化异化延伸到人类所做所思的一切事情之中，它涵盖了人类所有的社会生活。"[②] 文化异化就是个体生存的异化。海德格尔同时认为，此在又是一种时间性的存

---

① 海德格尔：《存在与时间》（修订译本），陈嘉映、王庆节译，生活·读书·新知三联书店 2014 年版，第 204 页。
② Adam Schaff, *Alienation as a Social Phenomenon*, Oxford: Pergamon Press Ltd., 1980, p. 180.

在，并没有用超验的维度来拯救此在的沉沦。因此海德格尔说我们要通过诗来恢复人的本真性存在，在诗意的栖居中回到存在的故乡。这种观点，和西方马克思主义主张通过艺术来克服人的异化也有相通性。

20 世纪，马克思主义和现象学、存在主义的对话是很密切的。卢卡奇在青年时代就和胡塞尔有很多交往，我们现在看他海德堡时期的文章，就会发现里面有很多现象学术语。法国的哲学家萨特则是西欧存在主义马克思主义的代表性人物。萨特和克尔恺郭尔、海德格尔一样，主张将哲学的重心放在人的存在本身上。他指出，人作为一种存在生来是自由的，没有什么超验的上帝来命令它，也没有什么人性的本质来规定人自身。存在先于本质，"首先有人，人碰上自己，在世界上涌现出来——然后才给自己下定义"[①]。早期的萨特认同人天然地面临着烦恼、恐惧等生存的困境，文艺就是要表现存在的这种虚无感和荒诞性。在 20 世纪 60 年代转向马克思主义后，他深深地被马克思对工人生存困境的描述所吸引，不仅从马克思这里看到生存困境产生的社会现实基础，也认识到文艺同样具有"介入"的责任。当然萨特同时也说，马克思主义实际上并不存在所谓"人学的空场"。他认为马

---

① 萨特：《存在主义是一种人道主义》，周煦良、汤永宽译，上海译文出版社 1988 年版，第 7—8 页。

克思主义始终把具体的人放在他的研究的中心，这种人同时由他的需要、由他的生存的物质条件以及由他的劳动的性质——也就是说，由他对物和其他的人的斗争的性质而规定自己。① 从这里可以看出萨特在自觉地将存在主义对人的生存情绪的描绘同马克思的社会实践论结合在一起。科西克也属于这一理论家群体。科西克不仅借用了海德格尔对此在操劳现象的描述，还主张人要通过实践来回到存在本身，恢复"人类学—宇宙学的存在"②。因此他对实践的理解立足于一种具有存在主义色彩的实践存在论。

第三种形态是精神分析的马克思主义。精神分析的学说首创于弗洛伊德，他通过大量临床分析独创性地发现了人类的"无意识"领域。这一"无意识"领域贮藏着人类的欲望和本能，是人类的本真范畴，但它在文明中却不是自由释放的，而是受到压抑的。这让我们想到我国古代宋明理学说的"存天理，灭人欲"。现代文明压抑人的本能，制造出不健康的人格，精神分析的马克思主义者的任务就是对这种文明的压抑性进行诊断，寻求爱欲本能正当释放的可能性。有的人会觉得，马克思主义关注社会实践论，人的心理健康问题是马克思主义所轻视的部分，精神分析的理论与马克思主义是

---

① 萨特尔：《辩证理性批判》，徐懋庸译，商务印书馆1963年版，第2、24页。
② 科西克：《具体的辩证法——关于人与世界问题的研究》，傅小平译，社会科学文献出版社1989年版，第174页。

不相容的。但实际上，马克思对人的"欲望"问题以及"欲望"的压抑问题也很有见解。他在《巴黎手稿》中就说："人作为自然存在物，而且作为有生命的自然存在物：一方面具有自然力、生命力，是能动的自然存在物；这些力量作为天赋和才能、作为欲望存在于人身上。"① 人的欲望一旦遭到消弭与异化，就会使人丧失对世界的感知能力。因此"忧心忡忡的穷人甚至对最美丽的景色都无动于衷"②。

精神分析的马克思主义者继承了《巴黎手稿》对人的自由本能的理解，这方面的代表人物有弗洛姆。弗洛姆在《健全的社会》这本书中尖锐地指出："最民主、最和平、最繁荣的欧洲国家，以及世界上最昌盛的美国，显示出了最严重的精神障碍症的症状。"③ 这种精神障碍症不同于一般的疾病，它可以发生于社会中每一个被看作"正常""健康"的人身上。这些正常人循规蹈矩、按部就班，看起来是身心健康的，但无形中已经受制于理性世界的异化机制，任由社会惯俗的观念所操纵和摆布。从人本主义的角度来说，这些正常人反而是不健康的、病入膏肓的人。弗洛姆主张一个健全的社会应该恢复人的创造性，使人成为具有创造性的自由存在。这种"健全的社会促进人人在工作中进行创建性活动，刺激理

---

① 《马克思恩格斯全集》第 42 卷，人民出版社 1979 年版，第 167 页。
② 马克思：《1844 年经济学—哲学手稿》，刘丕坤译，人民出版社 1979 年版，第 79—80 页。
③ 弗洛姆：《健全的社会》，孙恺祥译，贵州人民出版社 1994 年版，第 7 页。

性的发展，使人能够通过集体的艺术和仪式，表达出自己内心深处的需要"①。

与弗洛姆一样，法兰克福学派的马尔库塞也是精神分析的马克思主义的代表。他认为人是拥有爱欲的存在，爱欲意味着生命本能的满足，意味着自我的升华。但是随着现代理性的兴起，爱欲成为被压抑的对象，人们不再能够感受自身的爱欲，而是在一种世俗的性欲中麻醉自我。马尔库塞在《爱欲与文明》中指出，良性社会生活的诞生伴随着爱欲的解放与重建，"爱欲具有的文化建设力量是非压抑性的升华"②。通过自由地、创造性地释放自身的爱欲本能，人类不仅使其身心维持在快乐的状态，而且还能增强对世界的感受力。因此爱欲作为新的感性，它的解放同时具有社会政治的效应，爱欲的实现能"消除苦役，改造环境，征服疾病和衰老。建立安逸的生活"③。要实现这种爱欲的解放，就要求人能够自觉地把握自身的本真性存在，拒绝成为受制于社会观念的"单向度的人"，通过哲学与艺术保持人的批判性。马尔库塞对现代社会"单向度的人"的诊断具有广泛的影响力，对于马克思主义的中国化也具有很大的启示意义。习近平总

---

① 弗洛姆:《健全的社会》，孙恺祥译，贵州人民出版社1994年版，第223页。
② 马尔库塞:《爱欲与文明：对弗洛伊德思想的哲学探讨》，黄勇、薛民译，上海译文出版社2008年版，第138页。
③ 马尔库塞:《爱欲与文明：对弗洛伊德思想的哲学探讨》，黄勇、薛民译，上海译文出版社2008年版，第139页。

书记在《之江新语》中就引述了马尔库塞这一说法："人，本质上就是文化的人，而不是'物化'的人；是能动的、全面的人，而不是僵化的、'单向度'的人。"①

马克思主义的形态还有很多，包括结构主义的马克思主义、女性主义的马克思主义、生态学的马克思主义等，无法逐一穷尽。但是，经过简短的回顾，可以发现尽管马克思主义在 20 世纪遇到不少危机，也遭到了教条主义的曲解，但马克思主义的魅力不但没有过时，反而在不同的阐释中迸发出更鲜活的生命力。在加速发展的现实社会中，当代的马克思主义既有传承，也有其理论的创新。借助马克思主义来阐释文学艺术，就是要以一种与时俱进的批判精神来发现文学艺术的真正本质，不断激活对文学艺术的新的理解，看到艺术对时代核心问题的回应与关切。

---

① 习近平:《之江新语》，浙江人民出版社 2007 年版，第 150 页。

第二节 :
马克思主义批评四种模式 :

　　我们在今天的社会文化背景下重新思考马克思主义文学理论基本问题，不仅可以从新的角度重新激活我们已有的马克思主义传统，而且可以在当下语境中，在和马克思、恩格斯经典思想乃至它们之后的现代马克思主义的对话中，获取丰富的思想资源，用以反思文学、艺术、文化的基本问题，提供对这些问题的洞见。马克思主义对这些问题的洞见是其他理论不可替代的。如果我们在当代世界文学理论中把马克思主义文学理论去掉，它就会呈现出重大的缺失，有可能导致我们对某些问题的理解不够深入、不够透彻。马克思主义文学理论丰富了现代的文学理论，对于增进我们对文学的理解有重要作用。

　　在马克思主义文学理论中，可以看到一系列重要的理论命题被提出，一系列突破性的文学研究不断产生。如何定位和反思这些命题对文学理论的贡献呢？我们可以借鉴一下伊格尔顿 1996 年与米尔恩（Drew Milne）合编的一部读本，题名就叫《马克思主义文学理论读本》。伊格尔顿在导言中指出，马克思主义文学理论根据其发展的历史阶段可划分出四种批评模式。[①] 这四种模式和马克思、恩格斯著作里面的经典表述有密切关系。

第一种模式是人类学（anthropological）的模式。伊格尔顿认为马克思主义的人类学模式关涉美学的基础性问题。所谓人类学模式，就是指对人的本质、生理、心理的研究，就是指从人类作为物种的角度出发来思考文学的或者说审美的普遍性问题。文学是怎么产生的、是怎么被创造出来的、是怎么被接受的，都可以回归到人这个范畴上，回归到人的本质性、物种性的问题上进行思考。按照这种模式，不少理论家重新解读马克思的经典著作，形成了一系列关于文学的基本观点。比如，普列汉诺夫就指出："劳动先于艺术，总之，人最初是从功利观点来观察事物和现象，只是后来才站到审美的观点上来看待它们。"[②] 他认为，我们人类起初实际上没有审美，没有所谓纯粹的文学、艺术，而只有为群居生存而出现的一些实用性活动。随着人类在劳动之外有了多余的时间和精力，开始出现生存之上的一些附加性的活动，比如游戏、跳舞。当然也出现了一些为生存而做的准备活动，比如为了防止虫咬而涂抹一些药物。正是在这种物质性生存的过

---

① Terry Eagleton and Drew Milne, eds., *Marxist Literary Theory: A Reader*, Oxford: Blackwell Publishers Ltd., 1996, p. 7.
② 普列汉诺夫：《论艺术（没有地址的信）》，曹葆华译，生活·读书·新知三联书店 1973 年版，第 93 页。

程中，人类的审美感觉逐渐产生，进而不断地向更纯粹、更独立的艺术层面发展。

德国的费歇尔（Ernst Fischer）在他的《艺术的必然性》一书中，从人类学角度对艺术本质进行思考。他认为："艺术曾经是，现在是，将来仍然是必要的（necessary）。"艺术之所以是必要的，是因为"艺术能够把人类从碎片状态提升到一种整体的有机的存在"[1]。人在进行艺术活动时，超越了自身的特殊性，在艺术中把自身和社会群体联系起来，获得一种与"我们"有关的集体经验，进而在人类的存在中对人性的完满价值与本质意义产生更深的理解。实际上在费歇尔关于人类劳动实践的阐释中，同时彰显的还有人与动物的区别，或者说人优越于动物的精神性。按他的思路，人和动物本质上具有相通性，因为人和动物都是有机的、有生命的、有感觉的生理性存在。但人同时还有一种本质的精神性需求，使人得以在实践基础上征服并建构自然。从这一点我们可以引申出马克思的一个论断，即所谓文学或美，都是人的本质力量的对象化。这是马克思的《巴黎手稿》中非常经典的命题。马克思在晚年有一些人类学笔记，专门对当时影响很大的古人类学研究进行思考，比如对摩尔根的《古代社会》作了评

---

① Ernst Fischer, *The Necessity of Art: A Marxist Approach*, trans., Anna Bostock, London: Penguin Books, 1963, p. 7, p. 46.

论。从中可见，人类学研究在马克思的著作中是丰富的，人类学模式也的确是马克思主义理论的一个重要范式。借助马克思主义哲学人类学、文化人类学的资源，我们可以对一些文学的本体论问题进行重新回答。

第二种模式是政治（political）的模式。伊格尔顿认为马克思主义文学理论的政治模式主要和布尔什维克革命的兴起有关，在这一进程中，"从列宁论托尔斯泰的小册子到托洛茨基的《文学与革命》，批评成为论战与介入的事件"[①]。所谓政治的维度，就是指文学具有政治性和革命性。但文学的政治性不是指对政权的粉饰，也不是指对既有社会的维护，而是说文学具有一种如政治革命一般的摧毁性力量，可以直接加入宏观的革命斗争，成为革命斗争的重要组成部分。一般人在谈到这个问题的时候，都会提及苏俄的社会主义现实主义。在苏俄社会主义文学中，文学直接服务于政治，服务于革命。这种服务不是间接的，而是一种直接性的力量。正如列宁在《党的组织和党的出版物》中指出："写作事业应当成为整个无产阶级事业的一部分，成为由整个工人阶级的整个觉悟的先锋队所开动的一部巨大的社会民主主义机器的'齿轮和螺丝钉'。"[②]苏俄的社会主义文学产生了一大批歌颂革

---

① Terry Eagleton and Drew Milne, eds., *Marxist Literary Theory: A Reader*, Oxford: Blackwell Publishers Ltd., 1996, p. 9
② 《列宁全集》第 12 卷，人民出版社 1987 年版，第 93 页。

命、歌颂无产阶级的诗人，这些诗人对革命而言起到了十分重要的作用。

针对文学的这种政治向度，有的学者会反驳：文学应该是纯粹的审美，它没有政治性，应该和社会现实拉开距离，束之于高阁，成为承载人类自由的一块飞地。文学是供人休息的，是安放我们的心灵的，和所谓的"领导""政治""革命"的功利性沾不上边。甚至还有人会认为，政治玷污了文学的纯粹性，使得文学不成其为文学，而是"非文学"。但是，在人类历史发展的过程中，文学实际上处在和政治一样的起跑线上。因为服务于政治，它可以成为一种强大的力量，改变自己纤柔软弱的一面，从而改变生活、改变社会、改变我们自己。而且这种改变不是虚构的改变，而是现实的改变。对于这种改变现实的力量，我们用庸俗的观点来看，它似乎是没有价值的。但之所以如此，只是因为这种观点站在了一种由康德建构的现代美学观上。它害怕改变现实，因而只好维护、屈从于现实，这样当然无法看到文学的积极价值。而从人类社会的历史进展中看，这种观点有可能看不到文学先锋的一面。作为一种强大的政治力量，具有先锋性的文学恰恰就是要改变现实、改变不合理。在 20 世纪，不仅苏联的社会主义文学理论家如此认为，一些西方发达资本主义国家中具有马克思主义倾向的理论家也如此认为。例如超现实主义、达达主义就提出了"让文学成为生活、让生活成为艺术"

的口号。本雅明评价超现实主义艺术，就指出它不是单纯的"艺术运动"或"诗歌运动"，而是"从沉醉中获取革命的能量"。[①] 以超现实主义、达达主义为主的先锋派理论就是要突破以往文学那种局限于自身、对现实毫无作为的局面，转而主动地干预现实、改变社会。

同样的，在中国 20 世纪的文学革命中，胡适于 1917 年在《文学改良刍议》中提倡白话，认为"以今世历史进化的眼光观之，则白话文学之为中国文学之正宗，又为将来文学必用之利器，可断言也"[②]。这实际上也具有文化政治性。《文学改良刍议》之后，陈独秀的响应之作《文学革命论》更为鲜明地体现了文学政治性。它主张摧毁所谓的贵族文学、古典文学、山林文学，建立"平易的抒情的国民文学""新鲜的立诚的写实文学""明了的通俗的社会文学"[③]，也就是体现人民大众具体生活的文学。可以说，胡适和陈独秀的这些文学观念恰恰直接地卷入并影响了新文学运动。直到具有马克思主义色彩的革命文学出现，瞿秋白、茅盾、周扬、丁玲等文学理论家和作家就与整个中国共产党的革命更紧密地联系在一起，成为革命的重要力量。毛泽东在 1942 年延安文

---

① 本雅明：《本雅明文选》，陈永国、马海良编，中国社会科学出版社 1999 年版，第 198 页，第 207 页。
② 胡适：《文学改良刍议》，载季羡林主编：《胡适全集》，安徽教育出版社 2003 年版，第 15 页。
③ 陈独秀：《文学革命论》，载任建树主编：《陈独秀著作选编》第 1 卷，上海人民出版社 2008 年版，第 289 页。

艺座谈会上，充分肯定了文学的革命性。他提出中国人民解放的斗争存在"两条战线"，即"文化战线和军事战线"[①]，认为文学就像军队一样走在最前列，是一种和朱德领导的军队有相似性的军事力量。它反对敌人的价值观，张扬自身的价值观，有效地打击了国民党反动派的知识专制，建立了一种新的社会形态、新的生活方式、新的文学观念、新的文学界。

文学不能脱离政治，中国古代文学就是很好的证明。我们都知道一部电视剧《朱元璋》。朱元璋很想起用一些优秀的文人。有的文人拒绝，说我们是做学问的，不想参与任何政治，只想在一个小地方自成一统、著书立说。朱元璋就不满了，我请你出来做官，你不愿意，那么我也不让你生存，于是便下令株连九族。在中国历史上，类似的事情还有很多，比如文字狱。我们谈中国古代文学的辉煌灿烂的时候，无法忘记中国古代文学的政治性与残酷性。我们有时候选择性忽略了这一点，只看到纯粹的文学，这是脱离语境的结果。脱离语境，我们看到的文学就只能是纯粹审美意义上的古典诗词，无法联系文学所处的具体生存环境，看不到诗人的具体生存经历。我们读杜甫的诗歌的时候，这种政治维度便不可或缺。杜甫的诗歌本身就具有很强的政治性，牵涉他的爱国

---

① 毛泽东：《在延安文艺座谈会上的讲话》，载《毛泽东选集》第 3 卷，人民出版社 1991 年版，第 847 页。

情怀、作为儒家知识分子的志向等，这些东西赋予了他的诗歌深刻的悲剧性。再比如苏轼，他的一次次被贬、他的乌台诗案，都是不能和他的文学创作分开来看的。那有的同学就会问，为什么我们现在能够独立地欣赏古典诗词，可以享受一种纯粹的审美状态？我认为这恰恰也包含了一种政治，只是你没有意识到而已，它实际上就是詹姆逊所说的"政治无意识"（political unconscious）。

　　我们读马克思主义者的文学批评，会感到这些文本极富政治远见。列宁评价托尔斯泰的文学，认为他的小说是"俄国革命的镜子"。它"反映了强烈的仇恨、已经成熟的对美好生活的向往和摆脱过去的愿望，同时也反映了耽于幻想、缺乏政治素养、革命意志不坚定这种不成熟性"。托尔斯泰的小说充满了态度的矛盾性，但正是这种矛盾性反映了俄国革命的弱点和缺陷，表现了俄国革命作为农民资产阶级革命的特点。托尔斯泰以其独创的文学对俄国社会的复杂性予以描绘，这在列宁看来可以被视作"一面反映农民在我国革命中的历史活动所处的矛盾条件的镜子"[①]。此外，以马尔库塞为代表的弗洛伊德主义的马克思主义者，则又将"爱欲""本能"等心理学范畴和政治有效地联系起来。他认为人的欲望本能在高度发达、高度秩序化的工业社会中被强制压抑、置

———————
① 《列宁全集》第17卷，人民出版社1988年版，第185—187页。

放在一个奴役性框架之中。在这一前提下，人类本能和爱欲的解放成为一个反抗社会总体性的政治问题。"在今天，为生命而战，为爱欲而战，也就是为政治而战。"[①] 总的来说，文学本身的政治性在马克思主义的文学理论中被充分地照亮、彰显了出来，使得我们对文学的理解更加深入、更加全面。

第三种模式是意识形态（ideological）的模式。意识形态模式是斯大林主义兴起后，现代马克思主义代表人物常用的一种批评模式。所谓"意识形态"，本质上是关于"意识"的问题。特拉西最早使用这个概念的时候，它指的就是我们在认识事物的时候所形成的观念，简单地说就是你如何去认识事物。比方说一个人看某块黑板，他是怎么"看到"这个黑板的呢？我们可以来分析其中的机制。首先，他要有感觉，就要有眼睛。但有眼睛还不够，同时还要有头脑中的观念。这种观念可能是一种宗教的思想，也可能是一种无神论的思想。从宗教的思想或无神论的思想出发，所看到的黑板是不一样的。意识形态恰恰就是对人认识事物的这种观念起点进行阐释。

但是，"意识形态"的概念经过马克思的阐释后变得更为复杂。它至少包含了两层意思。第一层意思指的是一种幻

---

① 马尔库塞:《爱欲与文明：对弗洛伊德思想的哲学探讨》，黄勇、薛民译，上海译文出版社 2008 年版，第 9 页。

觉。马克思指出："人们迄今总是为自己造出关于自己本身、关于自己是何物或应当成为何物的种种虚假观念。"① 按照他的理解，意识形态像一层面纱一样罩在我们的认知头脑上，让我们看不到真相。如果想看到真实的内容，就要揭开意识形态的面纱，戳破这种虚幻的泡影。这种行为就是意识形态批判。马克思认为，人类社会到处都存在一层层的面纱，很多时候你揭开一层面纱，以为发现了真相，但实际上你还被蒙着，仍处在一个虚假的状态中。这就有点像柏拉图的"洞穴寓言"。你所看到的人和事，都只不过是映在洞穴墙壁上的影子。当你走出洞穴，有了光，看到外面世界的花花草草，你以为那就是真相，但它们其实还是虚幻的。柏拉图最终发现的真实是"理念"（idea），或者说"理式"。那种具有真善美的统一体，才是最为真实的东西。除此之外，画家画的床也好，现实中生活的床也好，都不是真正的床。真正的床是具有普遍性的、作为"理念"的床。马克思主义的工作就是批判并揭开这一层层的面纱，直抵社会历史的核心。按他的逻辑，文学很可能就是这样的一张张网，文学本身就可能是一种意识形态。

马克思"意识形态"的另一层意思是指对现实生活中社会存在的反映。我们知道，意识是存在于人头脑中的东西。

---

① 《马克思恩格斯全集》第 3 卷，人民出版社 1960 年版，第 15 页。

人类对现实之物有所反应，便有意识的产生。这种意识凝聚在一起的时候，就会形成社会性的意识形态。宗教是这样的一种意识形态，道德是这样的一种意识形态，文学艺术亦是如此。作为存在的反映的意识形态和社会现实之间存在着一种真实性的关系，这是马克思主义中相对中性的意识形态理解，也是我们经常使用的一种理解。基于这种意识形态理解而展开的研究，是马克思主义文学理论中又一个很重要的内容，卢卡奇的《历史和阶级意识——马克思主义辩证法研究》就是其中的代表。马克思本人也很重视意识反映的问题。他在《巴黎手稿》里面提到，人就是一种自觉的存在，"一个种的全部特性、种的类特性就在于生命活动的性质，而人的类特性恰恰就是自由的自觉的活动"①。什么是自觉？用英文来说就是"conscious"，一种富于理性的意识性存在。但是"意识"这个概念在马克思这里还要回到与对象的关系中去理解。意识不是虚幻的，不是柏拉图和黑格尔所说的那种客观的、绝对的精神状态。柏拉图的"理念"、黑格尔的"绝对精神"，都是一种客观唯心主义的意识理解。佛教里讲的"一切唯心造"，也是如此。这种客观唯心主义的起点在于精神层面，认为精神是具有决定意义的东西，精神决定一切。而马克思则认为，意识实际上是和物质紧密联系在一起的。

① 《马克思恩格斯全集》第42卷，人民出版社1979年版，第96页。

物质决定意识，物质是第一性的，意识是第二性的。社会存在是第一性的，社会意识是第二性的。你的想象力不论走多远，都会有羁绊。这种羁绊就是物质性和社会存在性。

马克思主义意识形态理论在 20 世纪得到了充分的阐释。它深入更复杂的层面，不仅涉及"意识"，还涉及"无意识"。有的理论家尝试将弗洛伊德的理论融入马克思主义意识形态批判之中，将无意识与人的幻觉联系起来。如曼海姆就指出，意识形态渗透在人的各种无意识活动之中，它"不像蓄意欺骗，不是有意的，而是从某种因果决定因素产生的必然的和无意的结果"[①]。阿尔都塞在《列宁和哲学》中也提出类似的观点，他认为意识形态属于纯粹的幻想或者梦想，意识形态"被看作是一种印象的建构，它的理论地位同弗洛伊德以前的作家眼里的梦完全一样"[②]。有了弗洛伊德的理论，当代的马克思主义意识形态理论就能够将意识形态幻觉中存在的人的心理、欲望、想象等问题说得更清楚，也为文学作品分析打开了新的广阔空间。

第四种模式是文化生产（cultural production）的模式。所谓"生产的模式"，就是从经济学的角度来理解文学，将文学纳入商品生产的过程中。可以说，这一角度契合了文学

---

① 曼海姆:《意识形态与乌托邦》，黎鸣、李书崇译，商务印书馆 2009 年版，第62 页。
② 阿图塞:《列宁和哲学》，杜章智译，远流出版事业股份有限公司 1990 年版，第178 页。

的现代发展，它看到了市场所具有的重要意义，认为尤其在资本主义社会，市场作为"看不见的手"对文学起着决定性的作用。我们知道，马克思对市场是很有研究的。从《巴黎手稿》到《资本论》，他对资本主义市场的经济运行规律都有很深刻的分析。他在《1857—1858 年经济学手稿》中提出了生产与消费的辩证关系说，认为"生产媒介着消费""消费媒介着生产""生产直接是消费，消费直接是生产。每一方直接是它的对方。可是同时在两者之间存在着一种媒介运动"①。生产与消费之间的辩证关系同时也是一种供求关系，而供求关系的核心涉及"需求"，"需求"的形态对生产起着导向性的作用。以马克思的经济学理论来分析文学，可以看到在资本主义社会下，是"商品性"使文学成为文学。商品化进程使文学成为一个独立的生产部门。在这种框架下，文学为谁生产、如何生产、文学生产在市场中如何提高利润，都是值得思考的问题。同时，在资本市场的支配下，文学还有可能为了所谓的经济利益，走向非文学状态。文学因为资本而异化是马克思主义文学理论中又一很深厚的部分。

具体地说，文学的生产模式，意味着从广泛的经济学意义来理解文学存在的必要性，它和消费之间的关系，它和需求之间的关系，以及和资本主义异化的关系。其中，文化工

---

① 《马克思恩格斯全集》第 12 卷，人民出版社 1962 年版，第 741 页。

业是一个很重要的概念。所谓"文化工业"，字面上说就是"文化"加"工业"。"工业"是一个经济学的概念。它遵循经济市场的机制，包含了现代的科学技术、现代的管理体制、现代的产品包装，牵涉经济成本的核算、利润的增长、对消费者的充分调查研究等系统性过程。这里的每一个环节都是充分以金钱为基础，以有效生产和有效销售为目的，以资本的增长为核心的。应该说，这些概念与商学院经常讲的赚钱策略有相似之处。但是单纯的赚钱策略所处的只是西方经济学的视角，而马克思则是从政治经济学的角度去分析生产机制中利润增长的秘密。马克思批判以亚当·斯密为首的英国古典经济学，认为他的经济学只说明了事实。他指出："不论是斯密还是后来所有的资产阶级经济学家，照例都缺乏对于阐明经济关系的形式差别所必要的理论认识——他们都是粗略地抓住现成的经验材料。"[1] 按照斯密的路径，工人的工资少，资本家赚的钱多，这是按照经济规律运行的结果，事实就是如此。而马克思却认为这些观点没有看到其中的秘密，他的工作就是要把其中的秘密揭露出来，让大家看到资本家的利润是怎么从工人劳动中获取的，剩余价值的背后如何存在着剥削的事实。以这样的批判视角再看文学，就会发现文学通常以一种功利的方式被生产出来，扭曲作为消费者的普

---

[1] 《马克思恩格斯全集》第 26 卷，人民出版社 1972 年版，第 72 页。

通大众，让大众获得一种虚幻的欲望满足，从而获得自身的经济效益。

以上就是伊格尔顿所讲的马克思主义文学理论的四种模式。我认为这四种模式的确抓住了一些核心的要点，真正看到了马克思主义文学理论的丰富性，为已有的文学理论提供了非常新的角度。比较地看，如果回到马克思诞生之前，西方文艺理论的整体图景是怎样的呢？我们会发现亚里士多德的观点仍然占据主流。亚里士多德强调艺术的本质在于模仿，通过将对象精准、逼真地描绘出来，我们能够获取一种艺术快感。同时我们会发现，康德的艺术观、浪漫主义艺术观也十分重要。康德认为文学艺术的创作是天才的制造，这种天才与审美的非功利性经历联系在一起。而浪漫主义则强调人的创造性、想象性、虚构性，认为文学是人类感情的表达。华兹华斯在 1800 年《抒情歌谣集》序言中就提到诗是强烈情感的自然流露，诗人拥有一种能力，"能更敏捷地表达自己的思想和感情，特别是那样的一些思想和感情，它们的发生并非由于直接的外在刺激，而是出于他的选择，或者是他的心灵的构造"①。但是，自从有了马克思的《巴黎手稿》及其以后几十年间建构的文学观点，我们发现文学理论在 20

---

① 华兹华斯：《〈抒情歌谣集〉一八〇〇年版序言》，载伍蠡甫等编：《西方文论选》下卷，上海译文出版社 1979 年版，第 12 页。

世纪摆脱了模仿说与表现说的框架，获得了许多新的维度，大大增进了后人对文学的理解。

第三节 ●
马克思主义文学理论的基本命题 ●

　　现代马克思主义文学理论，尤其是西方马克思主义文学理论，它在哪些维度上推动了我们对文学基本问题的思考？马克思主义文学理论很有魅力，它究竟能不能有效地解释文学？如果它不能促进我们对文学现象的阐释和理解，那我们就可以将它抛弃。如果它能够有效地帮助我们理解文学，而且还能为我们提供很多洞见，让我们更好地理解自身，看到人类未来的可能性，那么它就值得我们继续探索和挖掘，提炼出更有价值的、具有马克思主义特征的文学理论、文学概念和文学思想。本书从以下几个方面进行讨论。

　　第一，文学的实践性。实践作为马克思主义重要的哲学范畴，它如何启发我们对文学的理解，让我们看到文学的本质基础？应注意到，提出文学的实践论并不是要把一般所谓的实践论作为生硬的理论嵌套于文学领域，这是十分数学式的逻辑推导。如果我们把数学的逻辑演绎方式搬运到人文科学中，就容易造成理论的教条化与结论的荒谬化。相反，我们会结合青年马克思的《巴黎手稿》，列宁的反映论，卢卡奇、赫勒、科西克、南斯拉夫实践派等理论家群体的实践论，以此为线索打开大家对文学实践论的多元话语理解空间，激发我们的思考。马克思主义文学实践论的诸多问题都是具有思考意义的。比如"日常生活"（everyday life），是属于实践还是不属于实践？如果属于实践，它在什么意义上属于实践？发生于日常生活中的文学和实践又有什么关系？我们的文学书写、文学阅读，比如说诗歌朗诵，算不算一种实践？工作、劳动、革命与实践的关系是怎么样的？我们日常生活中的言语行为如果作为一种实践，它和文学有什么样的关系？这些围绕实践展开的讨论，是马克思主义文学实践论需要回答的问题。

　　第二，文学的历史性。文学的历史性问题是西方马克思主义十分关注的要点。所谓历史性，涉及一种时间性存在，是人类在特定处境中所感受、建构的那种时间意识。文学本身就在历史性过程之中，它不可能脱离历史，否则文学就不存在。一首诗歌的诞生，一本书的阅读，都包含了一个时间进程。马克思主义对文艺的时间问题有十分经典的理解，包括现代性时间、"当下性"和"永恒性"的辩证等。本雅明之所以能在艺术中洞察到新的力量，就在于他的历史哲学对"当下性"和"永恒性"的剖析。当代的一些马克思主义速度美学则认为前现代时间观之所以能转化为现代性时间观，是因为速度加快了，不断的加速度引起了新的时间感觉。马克思、恩格斯也很看重文学的历史维度。恩格斯即主张以"美学的"和"历史的"两重标准相结合的方式来进行文艺批评，"用历史唯物主义来研究审美、艺术活动自身问题所得出来的关于文艺作品审美特性的理论"[1]，以此建构一种规范性的标准。可以看到，历史性是马克思主义文学理论又一个很重要的向度。

第三，文学的符号性。提到文学的语言符号性，我们首先会想到俄国形式主义和法国结构主义。这些流派的理论家认为文学就是一种独特的语言形式，一种独特的语言使用。这种形式主义的理论和康德对审美特性的理解也有相通性。作为形式美学的源头，康德认为所谓美就是我们描述直观对象时的那种纯粹的语言，是凝神观照之中发生于主体中的纯粹形式。那西方马克思主义怎么来理解语言的符号性和形式规律性？总体来看可以分为三个维度：一是从本质论上思考语言形式的意义基础，譬如赫勒在日常生活的现象学中建构符号学；二是从交往论上思考社会共同体的建构如何在语言符号上得以成为可能，比如哈贝马斯的交往行为论；三是从批判理论入手，分析符号话语背后的意识形态机制。马克思主义文学理论怎么回答上述关于语言意义、语言交往、语言批判的问题，都是值得深入挖掘的点。

---

[1]　冯宪光：《马克思主义经典著作的文艺理论思想》，中国社会科学出版社 2018 年版，第 104 页。

　　第四，文体理论。文体理论涉及规范性、界限性的问题，我们熟知的《拉奥孔》，就是对"诗"与"画"文体界限进行严格说明的典范。每一种文体的理论基础是什么？它是如何形成的？它的内在规范是什么？这都是文体理论值得思考的地方。我们知道，文体是中国传统文学理论中十分重要的概念。中国古代文论有很大一部分都在讨论文体，比如我们熟知的《文心雕龙》，列举了数十种古代文体。比如钟嵘的《诗品》，也是在讨论诗的分类和等级。西方从亚里士多德的《诗学》，到黑格尔的《美学》，到卢卡奇的《审美特性》，中国从刘勰的《文心雕龙》到刘熙载的《艺概》，文体理论具有十分精彩的地图。但是，马克思主义文学理论对文体是怎么理解的？我认为这个问题在国内还没有很深入的研究。马克思、恩格斯的著作对文体的阐释较为零散，还没能有意识地建构一种文体理论。但是从卢卡奇开始，具有马克思主义特征的文体理论在成果上是愈加丰硕的。马克思主义理论家不仅在有意识地建构一种文体理论，还对特定文艺体裁进行了亲身实践。譬如卢卡奇对戏剧的评论，譬如本雅明对超现实主义艺术、波德莱尔诗歌的评论，譬如布莱希特对先锋派戏剧的评论，譬如阿多诺对音乐的见解，等等。对文化现象的沉浸式体验，使得他们对已有的文体理论做出了许多思想贡献，有意识地建构起马克思主义的文体理论。如果我们进一步地将中国的文体理论和马克思主义文体理论结合起来进行思考，也许还能更进一步地打开具有跨文化意义的阐释空间。

研讨专题

1. 马克思主义的生命力在 21 世纪体现在哪些方面？

2. 马克思主义如何批判并吸收现代西方的各种思潮？

3. 马克思主义文学理论对传统文学理论范式具有何种突破？

4. 马克思主义文学理论与中国的文学传统是否具有对话性？

拓展研读

1. 莱泽克·科拉科夫斯基：《马克思主义的主要流派》，唐少杰等译，黑龙江大学出版社 2015 年版。

2. 冯宪光：《马克思主义经典著作的文艺理论思想》，中国社会科学出版社 2018 年版。

3. 衣俊卿：《西方马克思主义概论》，北京大学出版社 2008 年版。

4. 特雷·伊格尔顿：《二十世纪西方文学理论》，伍晓明译，陕西师范大学出版社 1986 年版。

5. M.C. 卡冈：《马克思主义美学史》，汤侠生译，北京大学出版社 1987 年版。

第二章
/Chapter 2/

文学的实践性

　　马克思主义文学理论的基本问题往往可以在马克思主义的经典文献中找到根源。我们今天要讨论的文学实践性，其中的"实践"就是马克思著作中十分经典的论题。文学实践性问题是大家比较熟悉的问题，很多教材对此都有探讨。但如何从马克思主义经典文献出发，具体理解文学的实践性，尤其是它的经典意义、理论范式和当代价值呢？

第一节 ●
　　　　　　　　●
实践概念辨析 ●

　　首先从概念上来分析。"实践"是大家日常使用的一个词语，我们常讲"理论联系实践"或"理论与实践相结合"，潜意识中认定理论是很抽象的体系，而实践则涉及具体的活动，涉及事件在具体的、特定的时空中呈现。这种认识有其道理，但理论与实践的关系问题在马克思主义哲学中更为辩证。马克思主义强调理论离不开实践，实践同样也离不开理论。从某种意义上说，理论就是实践问题，实践也是理论问题，马克思主义在探讨二者关系时突破了传统的理论与实践相分离的成见，使实践成为具有普遍理论意义的范畴。同时，实践概念在马克思主义哲学中通常又和其他一些概念牵涉在一起，须要对这些概念加以辨析，以更好地理解实践的意涵。举例来说，马克思在有的情况下会把实践等同于"劳动"。"工作""活动"还有"生产"，这些概念在马克思的著作中有时也是可以直接与"实践"画等号的，但有时又有所区别。

　　总的来说，"实践"不论是在早期还是成熟时期的马克思著作里都是非常重要的概念，最具有代表性的一个文本就是《关于费尔巴哈的提纲》。有一家杂志名为《论题十一》（*Thesis Eleven*），就是取这份提纲著名的第十一条之义，"哲学家们只是用不同的方式解释世界，而问题在于改变世界"。这份提纲的开篇就以批判费尔巴哈的方式提道："从前的一切唯物主义——包括费尔巴哈的唯物主义——的主要缺点是：对事物、现实、感性，只是从客体的或者直观的形式去理解，而不是把它们当作人的感性活动，当作实践去理解。"[①] 在马克思看来，人的存在活动是实践的，他/她不是虚幻的形而上学式的、宗教式的状态，而是在实践中形成的。人的本质是实践。进一步说，人只有在实践中才能成为人，在实践中才能证明自己是人。马克思非常重视"人之为人"这种价值观念，但他否定人生下来就是人。他指出："通过实践创造对象世界，即改造无机界，证明了人是有意识的类存在物，也就是这样一种存在物，它把类看作自己的本质，或者说把自身看作类存在物。"[②] 也就是说，一个刚出生的孩子只是一个有机体，他/她只有通过实践改变已有的状况，不断从外界获取信息，在成长过程中不断看清世界的面目，使身体心灵得到发展，才得以成为人。他/她只有在实践中把自身内在的秉性与创造力呈现出来，才能彰显出人的本质性力量。这

---

① 《马克思恩格斯全集》第3卷，人民出版社1960年版，第3页。
② 《马克思恩格斯全集》第42卷，人民出版社1979年版，第96页。

就是说，实践是人的本质力量的对象化，是人之为人的内在特性的对象化。

马克思提出，本体论意义上的人体现为一种实践的存在，我认为这一判断奠定了文学实践性的理论基础。这种实践哲学并不是凭空而来的，它有黑格尔的影子在里面。马克思把黑格尔唯心主义式的精神对象化问题转换为历史唯物主义的劳动实践，在黑格尔哲学那里获益良多。当然黑格尔思想里面也有唯物的、革命的元素，黑格尔本人也讲劳动，只是这些范畴都受制于他所说的绝对精神。而马克思却进一步看到人的实践具有一种物质性甚至文明性。马克思认为从传统意义上讲，我们常说的实践有三种基本形式。第一种形式是物质生产，也就是大家熟悉的大工厂里的生产。第二种实践是革命斗争，通过革命斗争去改变社会形态，如法国大革命。这是一种具有历史意义的行动，是历史性的实践。第三种实践是科学实验，正如你们曾经在化学实验室里制取氧气，在物理实验室里测量加速度。这些过程都离不开一定的物质基础，制取氧气需要集气瓶和酒精灯，测量加速度需要打点计时器和光电门，这都是特定的物质材料。通过物质材料，人们才能得出实验结果，掌握普遍的规律。

这三种是传统意义上实践的基本形式，可以明显看出它们具有实用性、功利性的特点。马克思讲的实践概念和这些特点有密切的联系，但又有自身的阐发。比如在《巴黎手稿》

里面，马克思讲到动物和人一样也可以生产。人的生产和动物的生产有什么区别？动物生产是按照它自身的直接需要来进行的，是为了自身的生存和繁衍而进行的。而人的生产往往不是为了满足我们的直接需求，有时反而是为了克制我们的直接需求。比如生产一个面包，并不是说我马上就要吃它，它可能不是现在吃的，甚至可以是给别人吃的。从这里可以看出，人的生产是有意识、理性的，它能根据多种内在的尺度来进行，能够将人之为人的那种本质的属性运用到生产的对象上去。马克思总结说："动物只生产自身，而人再生产整个自然界；动物的产品直接同它的肉体相联系，而人则自由地对待自己的产品。动物只是按照它所属的那个种的尺度和需要来建造，而人却懂得按照任何一个种的尺度来进行生产，并且懂得怎样处处都把内在的尺度运用到对象上去。"[①] 在这里，马克思提出一个很精彩的观点：人可以根据美的规律来进行生产。这就是说，人在生产时需要物质材料，但生产又不是纯粹功利性的物质生产，而是包含了人的精神意识乃至审美趣味。《巴黎手稿》在谈到劳动的时候，还提出了一个基本论断，即劳动创造了美。这也是将实践活动与某种人的内在价值联系在一起的体现。

我记得卢卡奇在年轻的时候非常重视工作，重视工作给

---

① 《马克思恩格斯全集》第 42 卷，人民出版社 1979 年版，第 97 页。

人带来的价值。卢卡奇年轻的时候爱上了一个姑娘，叫伊尔玛。但是卢卡奇事业心很强，他在日记里反复问自己，工作和爱情如何抉择？他说，如果我陷入了爱河，我的工作就受到了影响。当时他的工作是什么？就是做学术，他有远大的学术理想。他虽然十分爱他的姑娘，但却不得不与她分开。伊尔玛后来嫁给了他的一个朋友，但一年之后就跳多瑙河自杀了。卢卡奇非常自责，他一辈子都认为伊尔玛就是他害死的。这则故事离我们讨论的问题稍微有点远，我借卢卡奇的故事想表达的是，工作是一种严肃的、有远大意义的活动。工作有一种克尔恺郭尔说的"拯救"的意义在里面。对卢卡奇来说，"和伊尔玛的共同生活属于'现实的生命'，走上工作之路意味着'真正的生命'"[①]。必须通过工作，你才能够获得拯救自我的生命。很久以前，有位算命先生和我说过一句话，对我影响很大。他说："终身勤苦，方免老来忧。"你终身勤苦地工作，才能避免各种忧虑和烦恼，我一直记得这句话。可以看到，工作是很神圣的，工作甚至有一种宗教的启示意义在里面。虽然我们日常工作很多时候也是为了工资，为了生存，工作成了一种手段，但同样不可忽视的是，工作本身也内蕴价值，通过工作，我们的生命意义得以体现。这

---

① 初见基:《卢卡奇——物象化》，范景武译，河北教育出版社 2001 年版，第 86 页。

种工作就具有马克思所说的实践的意义。

可以发现，马克思所讨论的"实践"，总是包含了某种原初的、纯粹的意义，它区别于那种纯粹功利性的、目的性的、手段性的活动。实践揭示人的内在力量的外化，人自身存在意义的呈现。这种实践观点包含丰富的美学意义，从中产生的实践美学是一种很重要的美学形态。不过要注意，实践美学或者说文学艺术的实践性问题，最早可以追溯到亚里士多德。在我看来，亚里士多德是第一个对实践美学有深入理解的理论家。以前我对亚里士多德这一维度理解不够，最近我重读了一些他的书，觉得很有价值。虽然关于亚里士多德的研究已经有很多成果，但我认为针对亚里士多德实践美学的系统思考还不够，不妨把我的思路分享给大家。我对这个问题的思考主要结合两本书，《尼各马可伦理学》和《诗学》。在《尼各马可伦理学》中，亚里士多德讨论的核心问题是最高的善即政治学。但是政治学的关键起点却在实践，实践在这里意味着行动。亚里士多德看到，人的最高境界首先是一种存在的活动，或者说最高境界的人是在各种各样行为中的人。所谓达到最高的善，就是要使你对你的行为有所把握。生活在城邦里的古希腊人具有多种行为，参与政治、结交朋友、建筑宫殿、吹奏乐器等，每种行为代表着不同的善，而人就是在每种行为中自发地呈现出自己内在的品质。这种内在性涉及一个词，"自足"，或者说"自主"。这就是说，"成其本身"，使每种行为成为人属于自身内在品质的完满状态。亚里士多德认为："对一个吹笛手、一个木匠或任何一个匠师，总而言之，对任何一个有某种活动或实践的人来说，他们的善或出色就在于那种活动的完善。"① 这相当于说人在每种活动中追求到一种最完美的自身境界，这就是善，就是德性，就是那种愉悦的、幸福的良好生活状态。反过来说，德性也就是事物处于其最佳状态之中，"一种活动在以合乎它特有的德性的方式完成时就是完成得良好的"② 。我认为每一种行为处于其最完美的状态之中，就是一种美学的境界。

亚里士多德还讲，我们的德性分成两种，道德德性和理智德性。所谓道德德性，就是说我们可以通过友爱的、勇敢的、诚实的、仁慈的行为，进入一种完美的境界。所谓理智德性，就涉及一种求真的行动，这就需要一种类似"技艺"的东西。"技艺"从某种意义上讲就是艺术，我们讲古希腊艺术的时候，就经常见到"技艺"（techne）这个词。"诗"（poesis）这个词，在古希腊也是指制作之技。技艺是理智德性的过程，技艺达到完美状态的时候，它也可以成为一种实践。我们说到艺术作品的制作的时候，总是会涉及一些具体的技术层面，我们希望一件作品在技术层面是制作精良的。

---

① 亚里士多德：《尼各马可伦理学》，廖申白译注，商务印书馆2009年版，第18页。
② 亚里士多德：《尼各马可伦理学》，廖申白译注，商务印书馆2009年版，第19—20页。

但亚里士多德认为，这种制作的概念只是一种手段，还达不到实践，达不到人在目的论层面呈现出的幸福境界。亚里士多德区别了"实践"与"制作"的意涵，认为实践更具有人的本体论意义。用庄子的话讲，就是制作或者说技艺还未能达到"道"的层次。实践是"道"层次上的概念。

所以亚里士多德的实践美学，我认为有两层含义。第一层含义，是说实践是某些艺术活动的特征，艺术活动是一种实践，它可以达到目的论上的幸福状态和完美境界。在第二层含义上，他又把制作和技艺括入一种手段性概念里面，认为实践之于技艺具有本体论的意义。换句话说，在《尼各马可伦理学》中，亚里士多德同时提出了一种手段性的实践和一种目的性的实践。这一观点结合《诗学》看会有更精彩的效果。在《诗学》中，亚里士多德提到艺术的内在特性在于模仿（mimesis），模仿恰恰具有实践意义。这是因为，模仿是一种行为，是人自身去模仿一种对象的活动。当人模仿对象达到栩栩如生的境界时，"惟妙惟肖的图像看上去却能引起我们的快感"[1]。联系《尼各马可伦理学》,这就是一种活动的完美状态，在目的论上抵达最高的善。这样看来，《诗学》里面讲的文艺的本质，就是一种基于实践意义的本质。同时，

---

[1]　亚里斯多德、贺拉斯:《诗学·诗艺》，罗念生、杨周翰译，人民文学出版社 1962年版，第 11 页。

《诗学》也谈到技巧。比如讲到悲剧时，要讨论它的长度、结构、首尾呼应、修辞术等。在形式技巧上，亚里士多德也建构了一种制作和实践相联系的美学形态。但是从总体上看，他所追求的还是第一种目的论意义上的实践美学。马克思十分重视亚里士多德和古希腊哲学的资源，他看重的实践哲学就涉及亚里士多德所讲的人的本质性规律。这种人的本质性使人得以区别于动物，使自己上升到一种目的性层面，抵达最高的善。二者的思想是具有一定传承性的。

第二节
文学实践论的演变

　　文艺实践性问题在列宁那里得到新的发展。列宁的实践
哲学主要体现在《唯物主义和经验批判主义》这本书中。大
家如果认真读这本书，一定会切身感受到一种属于理论家的
激情和渊博，感受到他对于时代主流问题的尖锐的批判力。
列宁在这本书中批判什么呢？他批判的是当时的物理学，或
者说由物理学所建立起来的人的认识体系和感觉体系。按照
当时欧洲最新的一些科学研究，人的感觉都是由感觉素建构
起来的。我们的感觉实际上是一种符号结构。列宁不同意这
个观点，他从马克思的唯物主义立场出发批判了所谓的经验
批判立场，提出一种以实践为基础的解答。列宁指出："生活、
实践的观点，应该是认识论的首要的和基本的观点。"[①] 他认
为人的认识与感觉是实践产生的，包含着实践的过程。但是
这种实践过程首先基于人的意识是对物质现实的反映。我们
知道马克思讲过社会意识是对社会存在的反映，列宁沿着这

---

① 《列宁全集》第 18 卷，人民出版社 1988 年版，第 144 页。

一道路则提出，人的认识归根结底是对现实的复现，是一种"照相"。"照相"有时是有错误的、不准确的，这时候实践就很重要。列宁认为，"实践检验我们的表象，确证其中与绝对真理相符合的东西"，"实践的'成功'证明着我们的表象同我们所感知的事物的客观本性相符合"。① 实践成为衡量认识准确性的标准，在这一意义上说，实践就如同认识论的改变者，它的最终目的是如实再现物质客观。列宁的实践论事实上是一种反映论。基于实践反映论，列宁对文学艺术作了新的阐释，认为文学应该是对社会现实的反映。在他看来，托尔斯泰小说的杰出之处就在于它是"俄国革命的一面镜子"。列宁的反映论是文艺实践性理论的一个形态，这种形态和我们刚刚说亚里士多德和马克思时讲的实践本体论又有所区别，它已经演变成一种认识论意义上的实践范畴，涉及主客体认知关系的问题。从列宁的观点出发，文学创作固然是一种活动，但这种活动不是从头脑中凭空产生的，它基于现实的物质基础，且和它的现实对象之间有一种决定和被决定的关系。

列宁的这种文学理论在马克思主义文学理论中具有主导性地位，但它在卢卡奇那里却得到了新的理解。应该说，卢卡奇的文艺反映论延续了列宁从认识论层面去理解实践的思

---

① 《列宁全集》第 18 卷，人民出版社 1988 年版，第 104 页，第 141 页。

路。他主张"反映是科学和艺术的基础"①，认为所谓虚幻的、形象的、自由的、丰富多彩的文学世界总是牵连现实，和社会历史具有对应性关系。按这一说法，哪怕像刘慈欣的科幻小说那样天马行空的世界，如果缺少了客观的社会性基础，也是不可能的。不过虽然卢卡奇和列宁一样，都说社会存在决定社会意识，但卢卡奇还有深入的理论思考，他提出"反映的决定性作用在于，在意识和与意识无关存在着的现实之间构成中介，并把自在之物转化成为我们之物"②。卢卡奇仍然从本体论的角度去理解认识论层次的审美反映，将认识论和本体论结合在一起，认为审美的反映活动乃至制作活动可以引领人进入完美的状态，为人的存在奠定基础。他认为，"每一部艺术作品、每一艺术品种，正如我们所知，都指向于'人的整体'"，"由日常的完整的人向感受作品个性的'人的整体'的转化，就真正艺术作品的真正感受而言，意味着在人的全面性方向上的逐步迈进"。③ 这样，审美反映就成为人进入完美境界的可能性条件，通过文学活动，我们可以从日常生活中支离破碎的状态上升到人的整体性存在状态。卢卡奇在 1963 年出版的这本《审美特性》中讲了大量的模仿

---

① 卢卡契:《审美特性》第 1 卷，徐恒醇译，中国社会科学出版社 1986 年版，第 67 页。
② 卢卡契:《审美特性》第 1 卷，徐恒醇译，中国社会科学出版社 1986 年版，第 349 页。
③ 卢卡契:《审美特性》第 2 卷，徐恒醇译，中国社会科学出版社 1986 年版，第 283—284 页。

问题，我认为这事实上回到了亚里士多德的问题域上。他的文学反映论，就是手段性与目的性的结合，在目的论上揭示出青年马克思和亚里士多德意义上的作为人的存在的实践维度。这种实践维度就是人的解放。

从青年马克思到西方马克思主义沿承的文艺实践性问题，在东欧新马克思主义者那里同样引发了集体性研讨，形成了许多著名的流派。南斯拉夫实践派就是对青年马克思到卢卡奇的文艺实践性问题进行系统讨论的一个群体。他们将实践定义为一种具有事实性和价值性的存在，认为实践体现了人的自由活动的可能性。在实践派的一批理论家中，丹科·格尔里奇（Danko Grlić）是很重要的人物。我目前看到的相关文献主要有两种。第一，格尔里奇写的四卷本的《美学》，其中提出一个观点——"超越美学"（s onu stranu estetike）的美学①。所谓"超越美学"，就是超越鲍姆加登以来的资产阶级的美学，后者在他看来是一种制度性层面的分类。超越这个制度性类别，就是要回到生活性的实践层面。第二，格尔里奇专门写的探讨本雅明和阿多诺这两位法兰克福学派理论家的两本小册子，他在其中提到文学艺术的本质就是一种实践。

格尔里奇的实践论已经涉及实践与日常生活的关系。东

---

① Danko Grlić, *Estetika IV: S onu stranu estetike*, Zagreb: Naprijed, 1979, p. 233.

欧马克思主义者中对"日常生活"问题探讨得最深入的理论家是匈牙利的赫勒。传统意义上，实践的基本形式有三种：物质生产、革命斗争和科学实验。除去这些，赫勒要思考的则是，我们平日的衣食住行、饮食男女，其实也可归属为实践的一种。实践概念应该延伸到日常生活，因为日常生活是我们人类开展上述一切活动的基础，是一切活动的最初点。"在迄今为止的人类历史中，自发的，同时也是有意识的'类'活动……只有在涉及平均水平的人性的条件下才有可能实现。关于平均水平的人，我们可以比较有把握地断言，个性的统一性总是在日常生活之中并为日常生活所建立。"①赫勒认为，黑格尔和马克思将对象化理解为精神性的或社会历史性的范畴，但在日常生活中，人同样也有思考、有想象、有直觉。我们和语言打交道，和各种各样的琐事打交道，和海德格尔所谓的"器具"打交道，甚至还和民族的风土习俗打交道。我们总是和这些东西牵连在一起，日常生活恰恰也促发人的本质的对象化。海德格尔前期的思想也具有日常生活的向度，但他最终的存在是要走出日常生活。而赫勒却主张基于马克思主义，来研究日常生活的内在结构，剖析日常生活中的对象化是何种对象化。她发现，日常生活中的对象化总是自在的、自然而然的，但自在的对象化却构成了人的

---

① 赫勒:《日常生活》，衣俊卿译，黑龙江大学出版社 2010 年版，第 7 页。

很多活动的前提，"人类文化主要在'自在的'类本质对象化中，即在工具和物品中，在习惯体系中，在语言中积累"①。在她看来，艺术活动不是浪漫派所谓自由创造的活动，而是基于这种自在对象化的自为对象化。作为自为对象化的艺术和作为自在对象化的日常生活有高度相关性，它离不开日常生活，但又区别于日常生活："向'自为的'对象化的跃迁，总是需要同'自在'保持距离，需要'自在'的重组，或至少是它的重新阐述。"②总的来说，赫勒的理论为实践的价值观建构提供了日常生活这一新基础。

东欧的其他一些理论家，如出生于波兰的社会学家齐格蒙特·鲍曼，同样受到亚里士多德和青年马克思实践观的影响。鲍曼主要从文化概念出发定义一种广义的艺术，他有一本书的题名就叫作《作为实践的文化》(*Culture as Praxis*)。从这个标题可以看出，文化就是一种实践，用鲍曼的话说就是，"文化就是将知识和旨趣融为一体的一种人类实践的方式"③。在我们通常的意义上说，文化总是联系着一种精神意识层面的东西，文化何以成为一种实践呢？联系前面的文学实践论，道理是一样的。这就是说，文化作为实践，意味着文化的生存状态是一种行为，是一种对象化的活动。这种对

① 赫勒：《日常生活》，衣俊卿译，黑龙江大学出版社 2010 年版，第 119 页。
② 赫勒：《日常生活》，衣俊卿译，黑龙江大学出版社 2010 年版，第 115 页。
③ 齐格蒙特·鲍曼：《作为实践的文化》，郑莉译，北京大学出版社 2009 年版，第 285 页。

象化的活动在鲍曼看来，是人的内在世界和外在世界不断交换的可能性。文化作为人的活动，一方面体现了人的内在属性，将它通过某种形式呈现出来，另一方面，又不断吸收外在事件的能量，不断交换信息，使对象得以形成。因此在鲍曼这里，文化就是具有实践性的活动。在这本书里面，鲍曼批判了那种结构主义的文化概念，认为文化符号学实际上就是把文化当成一个客观的对象，就像俄国形式主义和英美新批评派将文学理解为客观的审美形式一样。在鲍曼看来，这种实证主义的文学观"如实地反映了人类异化世界的现实"，这使得其"基本范畴具有完全形式化的、非物质特征，它无法形成任何强有力的支点对历史上任何人类社会所设定的形态进行指控，而且人们也不能用任何标尺来衡量社会的性质"①。与此不同，鲍曼认为文化不纯是客观存在，而是动态的、历史的、实践的结果，是过程性的对象化。这就有点像我们中国古代讲的"画竹"。"郑板桥画竹"这个故事大家都很熟悉。"郑板桥画竹"就包含着一系列动态的过程。他先是看竹，凝视那些烟雾缭绕中的竹子，并了然于胸。然后开始思考如何作画，这个思考的过程构成我们常说的"眼中之竹"。从"眼中之竹"出发作画，就又有了"手中之竹"。郑

---

① 齐格蒙特·鲍曼:《作为实践的文化》，郑莉译，北京大学出版社2009年版，第276页，第278页。

板桥画竹的这个过程，就是一种动态的过程。在我看来，我们中国古人在泼墨作画的时候就很强调艺术在时间中的灵动感，注重过程性和实践性。

伊格尔顿基于过程性和实践性，也批判了很多种狭隘的文学观点。将文学作为一种特殊语言使用的形式主义观念，在他看来也是有问题的。陌生化的手法真的有那么特殊吗？伊格尔顿说："没有一种语言，没有一种词语或结构性技法是文学作品特有、未曾和其他文学作品共享的。"[①] 他指出我们在日常生活中，也会经常使用谚语、隐喻、咒骂、拟古、旧词新义等陌生的表达，为什么日常生活的陌生化使用就不成为文学呢？显然，以特殊的语言使用来决定性地区隔文学性是无效的。伊格尔顿认为，用任何一种固定标准来定义文学都不尽如人意，文学实际上是"事件"。他在 2012 年出版的一本书就叫作《文学事件》（*Event of Literature*）。把文学作品理解为"事件"，形成了一种文学实践论的新观点。"事件"指的就是发生着的过程，一种在特定时空下由不同因素交互影响而形成的过程："文学作品的悖论之一在于，在不可改变性与自我完成方面，它是'结构'，然而它必须在永恒运动中进行自我完成，并且只能在阅读行动中实现自己，就

[①] 　伊格尔顿：《文学事件》，阴志科译，河南大学出版社 2017 年版，第 40 页。

此而言它又是'事件'。"① 事实上，卢卡奇在《历史和阶级意识——马克思主义辩证法研究》这本书中谈到实践问题的时候，也讲到实践是过程性的存在。我们不能把人或历史当成一个静止的对象，而应意识到其总处在一种具体的历史过程之中，具有丰富的变化性，"所有社会现象的客观形式在它们彼此之间，不停顿的相互作用的过程中，连续地变化着"②。正是变化构成了事件状态。但是在伊格尔顿看来，事件状态还不是纯粹的事件本身，它还牵涉社会历史以及政治意识形态的问题。这就好比我们在戏台上表演，突然即兴发起的任一动作都不是纯粹自发的，而总是包含了与观众的互动，包含了对周围环境的回应。所以说，文学事件同时也是一种象征性的政治行为，可以说，这一观点给我们提供了很好的理解文学的角度。

伊格尔顿把文学理解为一种具有社会政治性的实践，这和美国文学理论家肯尼斯·伯克（Kenneth Burke）的观点有相通之处。早在 20 世纪 50 年代，伯克就提出了修辞语言是一种"象征性行动"（symbolic action）的说法，在他看来，诗性言语具有施行的力量，"修辞的语言是对行动的诱导"③。相近的观点詹姆逊也有所涉及。在《政治无意识：作为社会

① 伊格尔顿：《文学事件》，阴志科译，河南大学出版社 2017 年版，第 226—227 页。
② 卢卡奇：《历史和阶级意识——马克思主义辩证法研究》，张西平译，重庆出版社 1989 年版，第 16 页。
③ Kenneth Burke, *A Rhetoric of Motives*, Berkeley: University of California Press, 1969, P. 42.

象征行为的叙事》中，詹姆逊提出："肯定政治无意识就是主张我们从事的这样一种最终的分析，并探索为作为社会象征性行为的文化制品去伪的众多途径。"[①] 他同样将文学理解为具有社会无意识运作的象征性行为。在《文学事件》里，伊格尔顿将文学的这种行动意义归结为事件，则突出了它的生成性和交互性。我们可以结合日常中对"事件"的接触来理解这两点。比方说在时下热议的俄乌冲突中，尤其在亚速钢铁厂的激烈冲突中，我们就可以看到这是由不同因素介入其中而不断形成、不断变动的一系列事件。这一事件的生成不是因为孤立的现象，而是不同力量角逐的结果，既有直接军事力量的矛盾对抗，也牵扯着历史中的其他事件，例如北约的扩张、苏联的解体等。进一步说，事件包含着矛盾，事件具有张力，是人类群体意识、意识形态、政治行动、物质基础等多种力量构成的多元结构状态。认为文学是事件，就是试图把它放在类似亚速钢铁厂冲突这样的复杂结构中去理解。文学不可被理解为某种整一性的行为，应将其理解为复杂的多元因素参与其中的状态。文学不止有一种可能性，而是具有后现代哲学讲的多元可能性。鉴于文学活动的主动性和自由性更强，文化的变化因素会更大，因此文学是更为纯粹的事件。

---

① 詹姆逊：《政治无意识：作为社会象征行为的叙事》，王逢振、陈永国译，中国社会科学出版社1999年版，第11页。

第三节 ●
●
文化革命论 ●

　　在文学实践论里面，不能不讨论葛兰西的实践哲学。葛兰西被认为是西方马克思主义的鼻祖之一，他出身于农村家庭，对农村与工人非常了解，这种农村体验使他对实践有着切身的体会，对人类技能的习得过程有深刻的理解。葛兰西十分重视实践，他的《狱中札记》里有一部分专门讨论实践哲学。葛兰西认为社会文化的问题应当放在实践哲学的框架中去理解，"实践哲学是现代文化的要素之一，它在一定程度上决定了某些哲学思潮或者使某些哲学思潮富有成效"[①]。他特别注意教育这种实践对于语言形成和知识建构的作用。在他看来，语言或文学活动从来不是神圣不可言喻的，而是在不断的教育过程中形成的。这种教育不只是学校里的教育，我们从出生开始，环境的引导、父母的言谈就已经对我们形成教育。正是教育使人的言语越发优美，也正是教育构建了我们文化的基础。

———————

[①]　葛兰西：《狱中札记》，葆煦译，人民出版社 1983 年版，第 70 页。

　　我们知道，葛兰西十分重视知识分子研究，教育作为一种革命性的实践，在他看来对促成新型的有机知识分子有重要作用。葛兰西首先认为，传统的贵族知识分子得以形成，主要依赖于更优越的经济条件和一定的权力。这种贵族知识分子倚靠更优越的实践，在文化上凌驾于普罗大众，而有机知识分子则和人民打成一片，这必须得益于教育的实践作用。葛兰西指出："实践哲学担负着两项任务：战胜最精微形式中的现代的思想体系，以便能够组成自己的独立的知识分子集团，并教育具有中世纪文化的人民群众。"①从两种知识分子类型的建构中，可以看到文化不是孤立的现象，而是和实践联系在一起，和实践的力量联系在一起。这就是说，文化是具有统治力和支配力的，能够产生实在的"力"的效果。正是在这个意义上，葛兰西认真思考"文化霸权"（cultural hegemony），或者说"文化领导权"这个概念，他认为文化具有和政治一样的效果，文化本身也是一种武器。资产阶级的统治不只倚靠"暴力和国家机器的强制性功能，还在于统治阶级确立了他们的文化霸权，而被统治阶级接受了统治阶级的固有世界观、思想体系、意识形态。这种接受是通过艺术等文化形态来实现的"②。社会主义革命不只有武装斗争，

---

① 葛兰西：《狱中札记》，葆煦译，人民出版社1983年版，第74页。
② 冯宪光：《"西方马克思主义"美学研究》，重庆出版社1997年版，第426页。

还有文化的革命。文化的革命要摧毁那些仍然占据统治地位但已经不合时宜的文化制度，要对资产阶级主导的腐朽的文化意识形态进行革命，建立新的文化霸权。葛兰西从文化的实践哲学出发提出文化革命的构想，既是一种十分清晰的文学实践论思路，也对 20 世纪的西方马克思主义贡献巨大。

文化革命是文学实践论的重要形态，现代马克思主义理论家后来对此作了很多延伸。如列斐伏尔，就主张将文化革命的路径纳入日常生活的范畴内加以思考。前面我们讲赫勒时提到日常生活实践的基础意义，列斐伏尔同样重视日常生活，他认为马克思主义本就具有对日常生活的深刻洞察，"马克思主义描绘和分析了社会的日常生活，指出了可以改造社会生活的方式"①。不过在列斐伏尔看来，日常生活同时是有异化的可能的。在资本主义社会里，日常生活是被异化的，我们使用的语言、庆祝的节日，甚至最基本的生活方式都是被异化的。因为意识形态规定了我们的需要和愿望，日常生活的本真性实际上蒙蔽了我们。在异化的日常生活中，"人们不了解他们自己的生活：他们通过意识形态的论题和伦理价值，看待自己的生活和过自己的生活。尤其是，他们不适当地认识他们的需要和他们自己的根本态度；他们没有很好

---

① 列斐伏尔:《日常生活批判》，叶齐茂、倪晓晖译，社会科学文献出版社 2018 年版，第 136 页。

地表达他们的需要和他们自己的根本态度"①。在此基础上，列斐伏尔提出"日常生活批判"的口号，认为日常生活批判作为一种文化革命，就是要对那些生活方式中非自由的、统治性的、压迫性的因素进行革命，在摧毁旧的日常生活建制后形成新的日常生活方式。"日常生活批判意味着通过非凡批判平凡——与此同时，通过平凡批判非凡，通过群众批判'精英'，通过现实，批判节日、梦幻、艺术和诗歌。"②

　　法兰克福学派的马尔库塞也提出文化革命的构想，他的理念直接影响了 1968 年的"五月风暴"。马尔库塞认为文化革命同时也是需要的革命。马尔库塞指出："思想的独立、自主和政治反对权，在一个日渐能通过组织需要的满足方式来满足个人需要的社会里，正被剥夺它们基本的批判功能。"③所谓"单向度的人"，隐含着我们的需要被规定了这一重意思。我们日常生活中的衣食住行，我们去看表演，去看电影，这些活动看似出于我们自身的需要，但这种需要却很可能受到资本主义意识形态的束缚与规训，受到商业文化的塑造。我们的需要总是被按照单一的模板生产出来，要走出这种"单向度的人"的困境，就必须提出需要的革命，建立新

① 列斐伏尔:《日常生活批判》，叶齐茂、倪晓晖译，社会科学文献出版社 2018 年版，第 88 页。
② 列斐伏尔:《日常生活批判》，叶齐茂、倪晓晖译，社会科学文献出版社 2018 年版，第 232 页。
③ 马尔库塞:《单向度的人——发达工业社会意识形态研究》，张峰、吕世平译，重庆出版社 1988 年版，第 4 页。

的需要，尤其是新的审美需要。马尔库塞在关于"新感性"的构想中指出："审美需要有其自身的社会内容：它们是人类有机体、心灵和身体对满足的要求，只有在与制度的斗争中才能创造出满足的维度，而这些制度正是通过其功能来否认和违反这些要求的。随着人们对最基本的满足感的需求转化为大规模的群体行动，审美需求的激进社会内容变得显而易见。"① 这种审美需求的革命也可以理解为文化形态的革命。西方马克思主义关于文化革命的思想是非常丰富和深刻的，它是文学实践论的重点。

---

① Herbert Marcuse, "The New Sensibility", in *An Essay on Liberation*, Boston: Beacon Press, 1969, pp. 27-28.

第四节 ∙∙∙
文学生产论 ∙∙

　　还有一种文学实践论的形态，我把它理解为文学生产。我把文学生产纳入文学实践论这个维度中来，是因为马克思在《巴黎手稿》中对实践和生产这两个概念进行了近乎等同化的处理。"生产"（production）这一概念在有些语境中，我们可以将它理解为"创造"，因为生产实际上就是我们利用智慧和技术将一些原材料加工成产品。关于生产，马克思谈到很多方面，比如生产力、生产关系、生产对象、生产工具、原材料。生产工具很重要，我们生产面包，没有钳子就无济于事。原材料也很重要，发霉的面粉做不成好的面包。但在这一过程中不可忽视的还有劳动力。没有劳动力如何进行生产？只有加入了工人的劳动和智慧，面包才能色香味俱全。这样看来，生产某种程度上也是一种实践行为。当然马克思在研究生产时还把它放到资本主义社会的意识形态中。马克思谈到资本主义生产也是一种生产，但这种生产却出现了问题，出现了异化劳动乃至人的本质异化的弊病。但即便这样，资本主义的生产归根结底也是一种我们之前说的"依照美的规律"所进行的生产，是一种实践行为。因此马克思说"通过实践创造对象世界，即改造无机界，证明了人是有意识的类存在物"[1]。他同时也说"正是在改造对象世界中，人才真正地证明自己是类存在物。这种生产是人的能动的类生活。通过这种生产，自然界才表现为他的作品和他的现实"[2]。

　　具体到文学生产的概念，本雅明对此有很深刻的理解。本雅明对文学生产的思考主要集中在两个文本——《作为生产者的作者》和《机械复制时代的艺术作品》。在《作为生产者的作者》中，本雅明认为作家事实上就是一个生产者，就是一种生产功能。他提出："在我问一部文学作品与时代的生产关系处于怎样的关系之前，我想问：它在生产关系中是怎样的？这个问题直接指向作品在一个时代的文学创作生产关系之中具有的功能。"[3] 这就是说，作家的创作就是一个类似生产产品的过程，他要按照生产的结构、元素和规律来执行生产这一行为。这是一种唯物主义的文学理论。而在《机械复制时代的艺术作品》的序言中，本雅明则说，马克思对资本主义生产方式的批判在机械复制时代得到应验，技术的新变化使生产的方式包括艺术生产的方式发生相应的变化。本雅明于是用马克思的艺术生产观重新审视现代艺术的兴起，

---

① 《马克思恩格斯全集》第 42 卷，人民出版社 1979 年版，第 96 页。
② 《马克思恩格斯全集》第 42 卷，人民出版社 1979 年版，第 97 页。
③　本雅明：《作为生产者的作者》，王炳钧等译，河南大学出版社 2014 年版，第 7 页。

剖析电影等艺术在生产层面的新特质。他发现，技术的出现使作品生产的唯一性和原创性被消解了，使艺术的"此时此地"性和神秘性荡然无存，"艺术借由机械复制技术跨越出其仪典根基，其自主自律的假象也从此消失了"[①]。机械复制技术在艺术生产的范畴催生了革命性的效果，使电影等新艺术的生产不再强调本真性"灵韵"的存在，而是使物质呈现新的辩证结构，使无意识的经验世界浮出水面，使"艺术的功能不再奠基于仪礼，从此以后，是奠基于另一项实践：政治"[②]。南斯拉夫实践派的格尔里奇曾用塞尔维亚语写过一本小册子，叫《本雅明的思想冒险》。这本书很薄，不到一百页，我试着把它读完并翻译成了中文。格尔里奇指出本雅明思想冒险中的核心观点，就是技术对文艺乃至人的生产。

法国马克思主义者马歇雷写过一本名为《文学生产原理》的书，重点讨论列宁的文学理论。列宁的文学理论主要是一种文学反映论，或者说现实主义的文学理论。列宁认为托尔斯泰的小说是"俄国革命的一面镜子"。但马歇雷却提出，列宁的文学批评实际蕴含着文学生产的理论，列宁所谓的"镜子"不是平面镜，不是那种我们平常看到的平整的、匀称的、光滑的镜子。我们知道达·芬奇在谈绘画时也提出

---

① 本雅明：《迎向灵光消逝的年代：本雅明论艺术》，许绮玲、林志明译，广西师范大学出版社 2004 年版，第 68 页。

② 本雅明：《迎向灵光消逝的年代：本雅明论艺术》，许绮玲、林志明译，广西师范大学出版社 2004 年版，第 65 页。

过"镜子说",认为艺术就是要像一面镜子一样逼真地、惟妙惟肖地展现现实,且这面镜子像心灵一样纯净。但马歇雷却认为列宁所谓的镜子不是这种镜子,而是凹凸不平的镜子。这种镜子除了能反射还能折射,甚至还有很多破损的地方。他在《文学生产原理》中写道:"列宁更多地用镜子指代一个概念,而非一种图像……我们关心的不只是直接复刻任何客体的反映面。与其说提出一种关于扭曲镜的轻率观点,列宁更多暗示的是那破碎的图像。是否存在一面残损的镜子呢?"[①]在马歇雷看来,托尔斯泰的小说只是反映了俄国革命的部分真实,托尔斯泰的小说有真实的方面,也有不真实的方面,但正是凹凸不平的镜子结构让我们看到革命真实的一面。换句话说,在文学创作的过程中,在场和不在场是联系在一起的。文学呈现出在场的事物,但也给出你看不见的部分。文学的凹凸镜把一些部分突显了出来,而在突显中又隐含了不在场的另外部分。托尔斯泰重构了现实,将他的小说和现实的关系纳入生产性的关系中去。这样文学生产是同时具有在场性和不在场性的结构性生产。马歇雷这里提到"结构性"是受到阿尔都塞结构主义的影响,而他对"不在场性"的关注则受到弗洛伊德的影响。马歇雷总结说:"镜子不反映所有

---

① Pierre Macherey, *A Theory of Literary Production*, Boston: Routledge & Kegan Paul, 1987, p. 120.

东西，它有所选择，这种选择不是偶然的，而是症候性的。"[1] 大家对弗洛伊德的症候分析思路都比较熟悉，即一个症候的显现同时包含着更深层的东西，还有许多沉默的事件在文本中没有说话的能力，但恰恰"在作品中重要的是不说出来的东西"，因为"缺席的瞬间建立起作品的言说。沉默塑造了所有言说"。[2] 总之在马歇雷这里，列宁的文学理论不全是文学反映论，而是发展出了文学生产论，包含了关于文学作为一种实践的独特分析，认识到文学作为一种实践的矛盾性和复杂性。

马歇雷不只分析列宁的文学生产论，也将毛泽东的文学反映论阐释为文学生产论。他依据的文本就是毛泽东 1942年的《在延安文艺座谈会上的讲话》（下文简称《延安讲话》）。《延安讲话》提道："作为观念形态的文艺作品，都是一定的社会生活在人类头脑中的反映的产物。革命的文艺，则是人民生活在革命作家头脑中的反映的产物。"[3] 这一观点通常被视为毛泽东坚持反映论的证据。但马歇雷在这里却点评说："马克思主义的'反映'范畴与经验主义和感觉论的形象概

---

[1]　Pierre Macherey, *A Theory of Literary Production*, Boston: Routledge & Kegan Paul, 1987, p. 120.

[2]　Pierre Macherey, *A Theory of Literary Production*, Boston: Routledge & Kegan Paul, 1987, p. 87, p. 85.

[3]　毛泽东:《在延安文艺座谈会上的讲话》,《毛泽东选集》第 3 卷, 人民出版社 1991 年版, 第 860 页。

念，即作为'镜像'的反映大相径庭。"① 他认为毛泽东的论述也涉及文学生产的问题。毛泽东提到"产物"这个词，就是说文艺作品属于生产出来的产品，是作家基于社会生活而形成的产品。社会生活的原材料不论在内容还是在形式上都已经十分丰富，作家的任务就是在这个基础上进行加工，创造出作为产品的文艺作品，使其比现实生活更具有普遍性、真理性和典型性。毛泽东一方面强调文艺和社会生活牵连在一起，另一方面则说作品本身是一种产品。这样看来，作家也就类似于工人。《延安讲话》以"文艺工作者"来称呼这类工人，加一个"者"只是在措辞上更为文雅，实际上指的就是从事文艺生产的工人，他／她和一般的工人在工作上具有相近的规律性。既然是工人，那他的主要行为就是我们前面讲的"工作"（work）。"文艺工作者需要做自己的文艺工作"②，既然是工作，就有其行为的价值与目的。也正是在这一意义上，我说可以将马克思主义的文学生产论纳入实践论的范畴中来思考。

---

① 巴利巴尔、马歇雷：《论作为一种观念形式的文学》，载马尔赫恩编：《当代马克思主义文学批评》，刘象愚等译，北京大学出版社 2002 年版，第 43 页。
② 毛泽东：《在延安文艺座谈会上的讲话》，载《毛泽东选集》第 3 卷，人民出版社 1991 年版，第 850 页。

第五节 ∶
文学实践论的意义 ●

　　总的来说，文艺的实践性问题十分复杂也十分重要。它一方面有古典的意义，和亚里士多德的实践论联系在一起，表现出目的论、本体论的意义，同时也联系到最高的善与人的幸福。另一方面，它也被当代的马克思主义发展、延伸出文学生产、文化革命、日常生活的命题。下面我们尝试着思考一下，文艺实践论究竟具有什么样的意义。

　　第一，文艺实践论消解了文艺的神秘性。文艺实践论将文艺植根到人的实践性活动中，使它的存在方式更为自明、更为清晰。我们知道西方的文艺观从柏拉图到浪漫主义，多具有浓厚的神秘主义和宗教色彩。柏拉图的"理念"揭示出神性，浪漫主义的"天才"也强调神秘莫测的元素。尼采说，艺术的天才数世纪才诞生一个，也是强调了艺术禀赋的独特性，它类似于某种神灵力量的附体，就像《不合时宜的沉思》中所说的："天才更深刻地渴慕圣洁，因为他从自己的瞭望台出发比另一个人看得更远、更清晰，向下看到认识和存在的和解，向上看到和平与被否定的意志的王国，向远处看到印度人所说的彼岸。"① 总之，浪漫主义的文学观不能离开虚幻的神秘性，这种观点把创作理解为无中生有的神话，建构起一种宗教性意味。而文学实践论却注重文学的活动过程本身，将文学的价值清晰地表述为人的本质力量的对象化，表述为在社会生活中不断发生的特殊活动。文学实践论强调物质的参与，也强调人自身的创造能力和审美意识对此的完善与介入，更注重在实践中主体和客体之间的相互磨合、相互演进对文学作品的生产的作用。文学实践论把文学创作譬喻为类似炼钢的过程，它具有持续性、变化性和重复性。

第二，文学实践论将文学创作视为劳动。文学创作作为一种实践性行为，等同于劳动。它需要物质材料、客观条件、加工工具、意识背景和劳动的主体。就以物质材料来说，文学首先离不开语言。关于语言，马克思主义的文学理论有很精湛的解读。我建议大家去读读两个文本。第一个文本是由马克思的女婿拉法格的几篇文章编成的《拉法格文学论文选》。这是一本从语言角度研究法国文学的论文集。拉法格好奇法国小说为什么要用我们所看到的那种语言对话行文，于是他就分析作家身处的语言环境、日常生活、民族传统和阶级意识。他发现，作家不是创造小说语言的唯一者，

---

① 尼采:《不合时宜的沉思》，李秋零译，华东师范大学出版社 2007 年版，第 268 页。

恰恰是作家身处的环境塑造了小说的语言，是大革命促进了法国浪漫主义小说的语言变革。作家创造的语言受到日常生活的影响，这种影响有时是有意识的，但更多时候是无意识的，是自然而然、耳濡目染的结果。作家的职责就是对社会物质性语言、日常生活语言乃至作家曾阅读过的文本进行再生产和再建构。拉法格总结说："作家的思想、人物、语言和文学形式，是和他同时代的人们供给他的；因为诗人在人群的旋风中回旋，和众人一样地接受宇宙环境和社会环境的影响，所以他能体会和表达人类的热情，抓住流行的思想与语言，并且能将由于人与事物的日常接触而得的文学形式，按照他个人的用途而加以调配。"① 这当然和我们常讲的"互文性"概念有接近之处。第二个文本是马歇雷写的另外一篇文章，叫《论作为一种意识形态形式的文学》，中文译名为《论作为一种观念形式的文学》，收录在马尔赫恩编的《当代马克思主义文学批评》这本书中。马歇雷在这篇文章中也提到，文学的生成归根到底是一种生产性的劳动，它要依靠物质原材料，依靠创造力，依靠工具手段，也要依靠意识形态。总之，"文学生产的客观性与特定的意识形态的国家机器中特定的社会实践不可分割"②，文学离不开实践的客观物质基础。

---

① 拉法格:《拉法格文学论文选》，罗大冈译，人民文学出版社 1962 年版，第236 页。
② 巴利巴尔、马歇雷:《论作为一种观念形式的文学》，载马尔赫恩编:《当代马克思主义文学批评》，刘象愚等译，北京大学出版社 2002 年版，第 44 页。

我接下来想举两个例子说明为什么作家创作是一种实践。第一个是鲁迅的例子。鲁迅曾经翻译过不少马克思主义著作，其中就有普列汉诺夫的《一封没有地址的信》，里面讲到艺术和社会生活之间的关系。在我看来，鲁迅对文学实践性问题理解得很透彻，具有典型性的一个文本就是《我怎么做起小说来》。首先，题目中的这个"做"就很有意思。说"做"，我们很容易会想到"做事"，这很明显就是一种实践性的活动。"做小说"就是一场活动，鲁迅为什么要"做"这件事呢？他说："我也并没有要将小说抬进'文苑'里的意思，不过想利用他的力量，来改良社会。"[1]鲁迅希望通过"做小说"来影响更多的人，甚至打动更多的人，形成社会性力量。用他的话来说，这是一种"铁屋子里的呐喊"。呐喊有惊醒人的作用，呐喊的音量大了，甚至还会震耳欲聋。鲁迅的"呐喊"很好地诠释了"言语行为"这一理论。因为他"呐喊"出来的语言是具有震慑力的，实在地影响了听众的情绪，不亚于一场打架，这场打架足以"揭出病苦，引起疗救的注意"[2]。鲁迅又说，他做小说虽然只是靠读百余篇外国短篇小说和一些医学知识，但这件事能成，还因为有人在催他。催促得最厉害的，就是《新青年》的陈独秀，正是在

① 《鲁迅全集》第4卷，人民文学出版社2005年版，第525页。
② 《鲁迅全集》第4卷，人民文学出版社2005年版，第526页。

催逼的行为下，才有了《狂人日记》的诞生。鲁迅字里行间都表明了，文学是做出来的，文学是不同外力催促下的行为。这种行为还深入对故事情节和人物形象的书写和塑造，文学的行为影响着小说人物的行为，影响着人物身世的发展变化。创作行为中断了，小说中人物的性格、行为乃至身处的情境也会相应变化。鲁迅从来没有把写小说看成什么神秘的行为，而是看作一种实践性的行为。

第二个例子是路遥 1986 年创作《平凡的世界》时的故事。我对路遥特别有感触，他的书写对我的人生产生了直接的影响。路遥说，他写长篇小说，就是用生命在进行奋斗，是在用生命奋力地写。他的书写不是我们平常所理解的那种灵感降临式的书写，也不是诗情画意的、怡然自得的书写。你读到路遥的书，就会感觉他是在用生命去实践、去挣扎、去运动、去奋进、去受折磨。他的成果是被折磨出来的成果。我坚信这一判断。很久之前我去延安参加培训，当时延安大学中国语言文学院的院长厚夫送给我一本书，是他写的《路遥传》。我在回来的车上看完了，觉得写得很好。厚夫看到了路遥如何通过艰苦劳动这样的行为使作品变得有价值和意义，"他（路遥）既敢于忍受创作过程中常人无法想象的艰苦与寂寞，也敢于迎风而立"[1]。后来我又读了路遥关

---

[1]　厚夫：《路遥传》，人民文学出版社 2015 年版，第 4 页。

于《平凡的世界》的创作随笔。这本书的正标题叫《早晨从中午开始》。为什么他的早晨从中午开始呢？因为他一晚上都在写作，起来的时候已经是中午了。这本创作随笔证实了我的观点。路遥说，最伟大的创作就是劳动，人类历史上所有伟大的事业都是劳动的结晶。他直接用了"劳动"这个词，坦言："我为自己牛马般的劳动得到某种回报而感到人生的温馨。我不拒绝鲜花和红地毯。但是，真诚地说，我绝不可能在这种过分戏剧化的生活中长期满足，我渴望重新投入一种沉重。只有在无比沉重的劳动中，人才会活得更为充实。"①路遥还说，他的创作和他父亲种庄稼一样，春天播种，秋天收割。既然是劳动，那就需要力气。没有力气，你连锄头都拿不动。于是路遥希望在四十岁以前，还有力气的时候，像柳青一样写出一部长篇小说来。路遥的主要劳动是阅读。他为了写好小说，列出了长长的必读书单，夜以继日地读，读到麻木，读到近乎奴性。这还不够，为了洞察时代，他还要阅读社会这本大书，于是他走进陈家山煤矿，和工人生活在一起，在艰苦的环境下书写。他写工人写得成功，正是因为有这样切身的体验。总之，路遥的创作是身心上的挣扎与斗争，是真正意义上的劳动，是艰辛而又有意义的实践行为。

---

① 路遥：《早晨从中午开始——〈平凡的世界〉创作随笔》，中国文联出版公司1993年版，第4—5页。

上面两个例子很充分地体现出文学创作的实践性。再往下思考，文学接受也是一种实践。文学阅读不是去接触什么虚幻的对象，它是一个切实的学习行为，归根结底是一种"力量"。我们常说文学影响了我们的人生，但文学不是凭空走进我们的人生的，他需要直接的行为，需要我们一个字一个字地去读书。通过阅读，通过自身的知识结构介入文学，我们才能"建构"起作品。文学接受的行为性不只体现在阅读上，也能转化成具有现实效应的实践。布莱希特就提出文学干预现实的说法，认为阅读不是处于宁静状态的自我陶醉，不是忘却现实。恰恰相反，他所赞赏的史诗剧就是"通过人的态度行为表现了人类生活的社会规律。因此必须找到可供实践的模式，这就是说要找到那些使人感兴趣的社会进程的模式，并通过使用这些模式反过来干预这些社会进程"[1]。简言之，就是让读者在接受中介入现实生活，在新的审美教育中形成新的政治实践。文学具有现实号召力。有次我们开会的时候，有一位同志说了一句话，我备受触动。他先是问，人们常说"枪杆子里出政权"，认为只有现实的行动才是决定性的，文学和思想有什么用呢？他回答说，文学和思想能让你知道你的枪杆子对着谁。如果没有文学和思想，枪杆子就会对着你自己。我认为，文学的力量就体现在这里，文学

---

[1] 布莱希特:《布莱希特论戏剧》，丁扬忠等译，中国戏剧出版社 1990 年版，第 311 页。

是一种有改变方向的能力的实践行为。

研讨专题

1. "实践"的概念在马克思主义中包含几种形态?

2. 文学实践论在列宁和卢卡奇的阐释中有何异同?

3. 马克思主义文化实践理论的革命性体现在哪些方面?

4. 为什么马克思主义将文学定位为一种生产现象?

5. 文学实践论对传统的文学理论构成怎样的突破?

拓展研读

1. 马克思:《1844 年经济学—哲学手稿》,刘丕坤译,人民出版社 1979 年版。

2. 卢卡奇:《历史与阶级意识——关于马克思主义辩证法的研究》,杜章智等译,商务印书馆 1999 年版。

3. 齐格蒙特·鲍曼:《作为实践的文化》,郑莉译,北京大学出版社 2009 年版。

4. 朱立元:《走向实践存在论美学》,苏州大学出版社 2008 年版。

5. 葛兰西:《论文学》,吕同六译,人民文学出版社 1983 年版。

6. 马尔科维奇、彼德洛维奇编:《南斯拉夫"实践派"的历史和理论》,郑一明、曲跃厚译,重庆出版社 1994 年版。

第三章
/Chapter 3/

文学的历史性

　　马克思主义对"实践"的探讨强调生成性和变化性，换句话说就是实践是处于时间中的实践，实践是历史性的。历史性是马克思主义文学理论中的另一大重要命题，接下来我们将专门探讨马克思主义对文学与时间、文学与历史的思考。

第一节
马克思主义的历史性

　　马克思和恩格斯在《德意志意识形态》中提出："我们仅仅知道一门唯一的科学，即历史科学。"[①] 这一命题可以视为我们理解文学历史性的总命题。按照他们的说法，人类社会和人本身都是历史中的存在，既然如此，如何理解处于历史科学中的审美问题呢？马克思在《巴黎手稿》中指出："人的感觉、感觉的人性，都只是由于它的对象的存在，由于人化的自然界，才产生出来的。五官感觉的形成是以往全部世界历史的产物。"[②] 在他看来，我们人的感官、想象和情绪这些具有感性维度的存在都不是固定不变的，而是在历史中形成和发展的。人的感性具有历史性，相应地，人的审美活动也具有历史性。长居澳大利亚的托尼·本尼特写过一本叫《文学之外》的书，其中第二部分讨论文学与历史的关系，特别提到马克思主义对文学历史性的关切。他认为宏大历史性是

---

① 《马克思恩格斯全集》第 3 卷，人民出版社 1960 年版，第 20 页。
② 《马克思恩格斯全集》第 42 卷，人民出版社 1979 年版，第 126 页。

马克思主义哲学的重要研究对象，相应地，"历史作为文学的最终指涉的观念"① 也是马克思主义文学理论的基础。

如本尼特所言，西方马克思主义者在谈论审美问题时普遍涉及历史概念。西方马克思主义奠基者之一卢卡奇在 1923 年出版的《历史和阶级意识——马克思主义辩证法研究》中主张人类要在历史的进程中看到解放的可能性，提出"只有当意识的出现必然成为历史的过程朝着它自己的目的所必须迈出的决定性的步骤时"，"理论的革命功能的前提才成为可能"②。而在此之前，他写的《心灵与形式》《小说理论》《现代戏剧发展史》实际上都有意识地从"历史哲学的视角"③ 出发理解文学。本雅明讨论机械复制时代的艺术作品，这里的"时代"也是从历史性出发建构起来的范畴，因为"时代"总是包含了特定时空中的特征，用本雅明的话说，"人类感性采取的有机形式——实现的环境——不只由自然因素决定，也取决于历史"④。卢卡奇的学生赫勒对历史也进行了一系列的探索。赫勒有著名的"历史哲学"三部曲：1982 年的《历史理论》、1993 年的《破碎的历史哲学》和 1999 年

① 本尼特：《文学之外》，强东红等译，人民出版社 2016 年版，第 44 页。
② 卢卡奇：《历史和阶级意识——马克思主义辩证法研究》，张西平译，重庆出版社 1989 年版，第 3 页。
③ Georg Lukács, *The Theory of the Novel: A Historico-philosophical Eassay on the Forms of Great Epic Literature*, trans., Anna Bostock, London: Merlin Press, 1971, p. 15.
④ 本雅明：《迎向灵光消逝的年代：本雅明论艺术》，许绮玲、林志明译，广西师范大学出版社 2004 年版，第 62 页。

的《现代性理论》。她在其中就历史哲学的问题提出了具有原创性和前沿性的观点。鲍曼《流动的现代性》也涉及对时间的感受。

在进入正题之前，我想先指出，我们中国古人对时间性的认知和体悟历来都是尤为丰富的，中国古代哲学对时间性的认知不亚于西方。我们熟知的《周易》即重视处于时间中的"变化"，重视宇宙万物荣枯兴衰的规律。乾卦的卦辞"元亨利贞"，"元"即代表着起始之意，"元亨利贞"本身能引申出春夏秋冬的变化。乾卦的爻辞，如初九"潜龙勿用"、九二"见龙在田"、九五"飞龙在天"、上九"亢龙有悔"，则揭示出一种在时间运动中的变化规律，勾勒出一种包含起始、发展、高潮、终结的宇宙秩序。易学讲"易有三名"——"简易""变易""不易"，也体现出阴阳辩证、动静相生的时间观。

儒家对时间的理解也是独特的。我们常听到《论语》中的一句话："子在川上曰：'逝者如斯夫，不舍昼夜。'"这里就包含了孔子对时间深刻的领悟，对时间的"流淌""运动"这一属性的认识。"天时不如地利，地利不如人和。"这句话则是孟子对时间，尤其是"时机性"的灼见。对时间理解得透彻的还有佛教。佛教认识到时间变幻无常，追求人从短暂的瞬时中超脱，进入无限永恒之中，围绕这一思想而形成的种种说法都蕴含着深邃的时间意识。如《觉林菩萨偈》讲

"彼心恒不住，无量难思议"，只有把握心行才能领悟时间，这涉及心行对时间的救度意义。佛教的时间哲学，一说时间的漫长，二说顿悟。佛教的术语"劫"是一个很大的时间单位，民间常说的"万劫不复""那由他劫""恒河沙劫"，都指时间的漫长感。佛教同时又重视瞬间，重视顿悟，认为瞬间有一种进入涅槃的不可思议力。总之，从深刻的中国古代哲学，到记诵朝代兴亡、生老病死的民间歌谣，中国古人对时间的认知是敏感的，古人意识到人处于时间的囚笼之中。

对时间性的敏锐感受内化于中国古代的文学书写之中。如《诗经·大雅·文王》中的"侯服于周，天命靡常"，对商周之交盛衰兴亡的国事进行回忆；如曹操《短歌行》中的"对酒当歌，人生几何。譬如朝露，去日苦多"，对人生发出感喟；如王羲之《兰亭集序》中的"一死生为虚诞，齐彭殇为妄作"，对时间作哲学的思考；如陈子昂《登幽州台歌》中的"前不见古人，后不见来者。念天地之悠悠，独怆然而涕下"，对天地浩瀚感到伤感；如杜甫《登高》中的"风急天高猿啸哀，渚清沙白鸟飞回。无边落木萧萧下，不尽长江滚滚来"，对历史进行书写；如《三国演义》开篇讲的"天下大势，分久必合，合久必分"，对政治变化作出精辟总结。以上种种对时间的书写虽然不乏神秘色彩，但总体上都表现了中国文学的历史唯物性。通过这样一番回顾，我们可以看到时间性的确是文学或者整个人类文化不可或缺的命题。当我们以马克思主义来思考文学时，如果缺失了这一角度，如果把时间性和历史性的问题剔除出去，马克思主义文学理论就会是苍白的。

　　研究文学的历史性，就是把文学置于历史过程中，将文学自身和文学内部都体现为时间和历史的其中一种形态。文学不论在形式上还是在内容上都与历史有所牵连，受到社会历史甚至日常生活的影响，文学在历史"之中"存在。马克思对文学历史性的思考主要从一种大历史观出发，他与恩格斯都侧重于从整体的、宏观的视域研究人类历史从史前社会、古代社会到现代社会的变迁。在这种宏大叙事的历史哲学中，"最高的价值通向大写的历史或者历史的未来或者过去。在这种情况下，真理与最高的价值都被时间化"①。后者涉及对历史的意识建构。赫勒在《历史理论》中曾提出历史意识的六大发展阶段：（一）未反思的普泛性阶段，以神话意识为代表；（二）在特殊中反映出普泛性的阶段，以古希腊悲剧意识为代表；（三）未反思的普遍性意识阶段，以中世纪神学为代表；（四）在普泛性中反映特殊性意识的阶段，以文艺复兴艺术为代表；（五）世界历史意识或反思的普遍性意识阶段，以19世纪开始的世界历史观为代表；（六）反思的普泛性意识阶段，以后现代意识为代表。从赫勒的研究中可以看到，马

---

① Agnes Heller, *A Theory of History*, London: Routledge & Kegan Paul, 1982, p. 215.

克思主义者是侧重对历史形态进行把握的，马克思主义内部关于历史形态的不同话语建构还时有矛盾产生。如何来理解历史意识对文学的作用呢？我在这里要谈到两本书。

第一本书是朱立元的《历史与美学之谜的求解》，他从马克思的《巴黎手稿》中提炼出作为历史理论或作为历史科学的美学这一观点："马克思主义带给美学的另一革命性变化，是把唯物辩证法应用于社会人文学科，使美学成为真正的历史科学。"[1]美学总是以特定时空下人的劳动创造成果为前提，这是许多马克思主义文艺理论家都认同的观点。赫勒和她丈夫费赫尔在合作的《美学的必要性与不可改革性》这篇文章中，第一句话就讲到"美学作为一门独立的哲学学科，是资产阶级社会的产物"[2]。他们同时也谈道："从黑格尔经谢林到克尔恺郭尔、卢卡奇，每种重要的美学同时也是一种历史哲学。"[3]黑格尔的《美学》从精神史的辩证发展来理解文学艺术，就是美学作为历史哲学的典型代表。朱立元老师对这一思想脉络进行了严肃的思考。第二本书是方维规的《文学话语与历史意识》。他同样也在思考历史性之于文学的重要性，认为"将'历史性'用于文学理论研究，主要强调在

---

[1]　朱立元:《历史与美学之谜的求解》，学林出版社1992年版，第62页。
[2]　费赫尔、赫勒:《美学的必要性与不可改革性》，载傅其林编选:《雅诺什的面孔:阿格妮丝·赫勒美学文选》，商务印书馆2020年版，第37页。
[3]　费赫尔、赫勒:《美学的必要性与不可改革性》，载傅其林编选:《雅诺什的面孔:阿格妮丝·赫勒美学文选》，商务印书馆2020年版，第41页。

历史语境中解读文本，以及解读本身的历史性"①。我的文章《后现代历史意识与审美形式》，恰恰是试图从后现代历史意识这个角度出发去阐释后现代历史小说文本中的审美形式。借助赫勒的历史意识分期论，我发现后现代历史小说和19世纪奥斯汀笔下的历史小说有非常大的差异，后现代历史小说中多元的、偶然的、杂乱的审美形式与后现代破碎的历史观念是遥相呼应的，后现代历史小说"突破了传统历史小说的宏大叙事，呈现出后现代的历史意识和人类条件"②。

文学作为一种历史意识并不是说将某种历史哲学嵌套进文学，使文学成为历史的附会。历史意识的变化同时也是文学本质问题的变化，把马克思关于历史意识的种种叙述连缀起来，我们其实也能得到一本"文学史"。这就是说，文学的本质问题与历史意识的问题是一体两面的，从历史哲学的角度来研究文学审美不是把文学纳入历史性框架中，而是把文学思考为历史本身。从文学和历史的互动这一角度出发，历代马克思主义者都提出了许多富有意义的命题。

---

① 方维规：《文学话语与历史意识》，复旦大学出版社2015年版，序言第5页。
② 傅其林：《后现代历史意识与审美形式》，《文学评论》2014年第6期，第34—38页。

第二节 ●
．
文学的历史起源 ●

　　关于文学起源，我们读过的教材提供了许多不同的说法，如模仿说、游戏说、巫术说、心理学说等。马克思主义文学理论是从具体可感的历史发展过程，或者说从历史科学的角度来介入这一问题的。在马克思主义者看来，文学并不源于宗教，也不源于天才，而是源于人类历史早期的生产状况。这种思考极富历史精神，但不同于黑格尔的精神演变史，马克思主义强调物质生产、社会发展乃至日常生活中的历史。马克思提到，希腊艺术本质上具有希腊神话的特质，神话的幻想性是古希腊生产力水平尚不发达的产物，这"是同它在其中产生而且只能在其中产生的那些未成熟的社会条件不能复返这一点分不开的"①。生产力的不发达造成了人不能十分清晰地对自身进行理性认识，人的意识于是流于幻想。因此马克思说荷马史诗是人类历史儿童期的产物。但马克思又辩证地注意到，荷马史诗虽诞生于历史未开化的儿童状态，但

---

① 《马克思恩格斯全集》第12卷，人民出版社1962年版，第762页。

它本身又具有永恒的价值，迄今为止仍对西方文明起规范性作用。艺术既诞生于历史过程，同时又具有超越历史的可能性，艺术的发展与物质生产的发展既息息相关，又具有不平衡之处，艺术自身也建构历史。这样看来，马克思关于起源的种种思考，同时也是对艺术起源的思考。他在《资本论》中谈到的货币的起源、私有财产的起源，以及他晚年撰写的人类学笔记中依据摩尔根的《古代社会》对人类生产器物的起源的探究，都包含对艺术起源的思考。摩尔根在《古代社会》中提到人类历史发展的三个阶段：蒙昧的阶段、野蛮的阶段和文明的阶段。马克思进一步从生产方式的角度理解这些阶段，认为："人类在地球上获得统治地位的问题完全依附于他们（即人们）在这个领域——生活资料的生产——中的技术。"[1]马克思尤其重视人的语言能力的产生，认为语言能力的不同产生形态实质上孕育了不同文学形态的雏形。他将摩尔根的人类学理解为一种"文化人类学"。

恩格斯对起源性的思考丝毫不逊于马克思，其中典型代表就是他写的《家庭、私有制和国家的起源》。这本书的副标题叫作"就路易斯·亨·摩尔根的研究成果而作"，是一本很厚的书。恩格斯在前言中表示，他要完成马克思的遗

---

[1]　马克思：《摩尔根〈古代社会〉一书摘要》，中国科学院历史研究所翻译组译，人民出版社 1965 年版，第 4 页。

志，将马克思晚年零散的古代社会学笔记建构成体系性的研究。恩格斯认为摩尔根是在历史唯物主义的基础上，在马克思的历史哲学基础上写出了一本非常杰出的社会学著作："摩尔根在美国，以他自己的方式，重新发现了四十年前马克思所发现的唯物主义历史观，并且以此为指导，在把野蛮时代和文明时代加以对比的时候，在主要点上得出了与马克思相同的结果。"① 恩格斯认为历史唯物主义与摩尔根的《古代社会》具有同向性，但他也借鉴了摩尔根的实证研究路径，尝试以当时考古的出土文物为证据研究文明的起源和国家的起源。除此之外，恩格斯还有一个典型的文本叫《论日耳曼人的古代历史》。这篇文章可以说改变了我以往对恩格斯的印象。以前我总觉得恩格斯是十分强调自然科学与自然辩证法的理论家，读过这本书后，我发现恩格斯是尤其看重历史的。在《论日耳曼人的古代历史》中，恩格斯以历史为基点思考德意志民族的起源与演变，看到其关键在于德语的起源和演变。恩格斯对德语史的爬梳做得非常精细，涉及哥特语、弗里西安－低地萨克森语、法兰克语、高地德意志语或斯堪的那维亚语等多种方言。他试图通过德语这种物质媒介的演变来思考德意志民族历史的形成，这一思考本身包含了对德国文艺历史性的思考。恩格斯还有第三个文本涉及这一问题，

① 《马克思恩格斯全集》第29卷，人民出版社1972年版，第29页。

即《自然辩证法》。恩格斯在这本书中谈到劳动对于人类起源的重要性，正是劳动使人与猿区分开来。在这种劳动或者说实践中，语言起着决定作用，"语言和劳动一起，成了两个最主要的推动力，在它们的影响下，猿的脑髓就逐渐地变成人的脑髓"[1]。语言和劳动的结合使人与人之间的信息传达成为可能，也进一步使文学和艺术成为可能，在恩格斯看来，其突出的表现就是形成了人精巧的"手"，正是"手"使文学艺术成为可能。我读恩格斯这段话时感触深刻："手不仅是劳动的器官，它还是劳动的产物。只是由于劳动，由于和日新月异的动作相适应，由于这样所引起的肌肉、韧带以及在更长时间内引起的骨骼的特别发展遗传下来，而且由于这些遗传下来的灵巧性以愈来愈新的方式运用于新的愈来愈复杂的动作，人的手才达到这样高度的完善，在这个基础上它才能仿佛凭着魔力似的产生了拉斐尔的绘画、托尔瓦德森的雕刻以及帕格尼尼的音乐。"[2]恩格斯在这里讲到人的感官恰恰是在历史中趋于精细，在历史中感觉积淀了理性。现代科学讲的"基因"在他看来都不是一个纯粹生理性的话题，而是在历史运动中积淀下来的事物。总之，恩格斯就是在考古学、人类学的思考中定位文学的起源问题的。

---

① 《马克思恩格斯全集》第 20 卷，人民出版社 1971 年版，第 513 页。
② 《马克思恩格斯全集》第 20 卷，人民出版社 1971 年版，第 511 页。

审美起源问题是后来的马克思主义者普遍思考的问题。应该说，普列汉诺夫是马克思主义者中第一个比较系统地思考人类审美起源问题的理论家。在他的《一封没有地址的信》中，普列汉诺夫仍然借助人类学来思考审美。他反对当时欧洲盛行的"为艺术而艺术"的唯美主义观念，认为人类的审美的初级阶段是一些实用性行为。英国的一位英年早逝的马克思主义文艺理论家考德威尔也思考起源，他的代表作《幻想与现实》，副标题就叫作《诗歌的起源》。他认为："在任何种族当中，不论什么时候，一切值得保存的词语——关于天气的谚语、农家格言、有魔力的符咒或典仪和宗教中更精致奥妙的内容——都倾向于一种凝练的语言。当人们自觉地创作文学时，这种凝练的语言最终就成了一个称作诗的文学分支的特殊载体而被分离出来。"①古人在巫术仪式上总是要念一些无法听清的咒语，考德威尔却认为这些咒语具有神奇的力量，浓缩了高度的信息，是和日常生活有所区别的语言，也是最初的诗歌。霍克海默尔和阿多诺的《启蒙辩证法》也追溯起源问题。他们认为启蒙理性的起源就是古希腊的神话。神话语言本身具有理性的、规范性的组织结构，这种使经验化变得有序的结构具有理性的维度。《启蒙辩证法》第

---

① 考德威尔:《考德威尔文学论文集》，陆建德等译，百花洲文艺出版社1995年版，第8页。

二部从《奥德赛》中寻找理性的根源，发现在奥德赛避免塞壬歌声诱惑的"克制"中，就蕴含了理性独有的规范性因素。马尔库塞在《爱欲与文明》中谈到人的爱欲，认为其源于古希腊神话中的俄狄浦斯情结。哈贝马斯追问现代人类的交往性，还是回到人类社会最初的朴素交往中去。卢卡奇在《审美特性》中不断提到起源的问题，充分利用了马克思、恩格斯关于审美发生性的思考。马克思主义对起源的思考是严肃的，它不像结构主义理论家那样认为文学起源问题是一个伪问题，它也不像海德格尔在《艺术作品的本源》中对艺术本源所采取的现象学式的、敞开式的解读。马克思关于起源的新的思考回溯到人类的实际历史，具有唯物性和具体性。马克思主义的历史当然也是实践的历史，是人自身创造发展的历史。马克思主义之所以重视起源问题，是因为其坚信起源的范畴产生事物的本质性结构，起源预示着事物的可能性。纵使事物在历史发展的不同阶段可能在形态上存在差异，但它们都无法完全摆脱在起源时的潜能状态，起源揭示事物发生的历史性。

第三节 ●
●
文学现代性 ●

　　文学历史性理论的第二个问题是文学现代性。可以说，
我们现在所接触的文学文本，很大程度上都是从现代意义这
一框架出发加以理解的，或者用赫勒的话说，是在现代性历
史意识的影响下加以理解的。马克思主义对文学现代性有很
复杂而又丰富的阐释，这种阐释首先体现在马克思恩格斯对
资本主义社会崭新的社会驱动力、社会关系、社会制度、意
识形态文化的解读上。马克思的《巴黎手稿》和《资本论》
都在试图洞察现代性问题，他分析资本主义的运作规律和价
值特征，也诊断资本主义的危机。新兴的资本主义体系具有
强大的生产与摧毁力量，为了扩大利益，它需要不断地扩大
生产，增加利润，榨取剩余价值，提高工作效率。恩格斯也
思考现代性问题。他注意到现代的生产方式进入一个借助科
学技术的新阶段，同时还渗透着自由主义的文化解放意识。
科学技术和自由主义促使社会生产结构发生革命性的变革，
"自从蒸汽和新的工具机把旧的工场手工业变成大工业以后，
在资产阶级领导下造成的生产力，就以前所未有的速度和前

所未闻的规模发展起来了"[1]。传统的封建式生产结构不复存在。现代资本主义生产方式的变革突出地表现在对时间的控制上。《资本论》说"一昼夜24小时内都占有劳动，是资本主义生产的内在要求"[2]，恩格斯谈到资本家对生产周期的压缩，谈到三角债如何打时间差盈利，都揭示了掌握时间即掌握金钱的道理，所谓"寸金难买寸光阴"。现代资本主义生产方式的变革也体现在交通的突进上，体现在交通的加速和加量上。因为市场就是一个交通的网络，只有更高级的铁路和更巨型的航船才能促进更广泛的交易。总而言之，马克思、恩格斯对现代资本主义社会的整体性结构进行了非常精深的剖析，对这些现代性维度的挖掘也影响着他们对现代文学这一形态的解读。

现代马克思主义文学理论非常重视现代性问题，这从根本上说与马克思、恩格斯对现代社会的研究密切相关。马克思、恩格斯在《共产党宣言》中对现代资本主义社会进行了精细的剖析，在他们的语境中，现代资本主义社会就是现代性的代名词，它是伴随技术兴起、工业发展、社会转型而形成的全新的整体性形态，具有迥异于传统的思维范式。在现代资本主义社会中，一个很重要的现象是世界大工业市场的

---

① 《马克思恩格斯全集》第20卷，人民出版社1971年版，第293页。
② 《马克思恩格斯全集》第23卷，人民出版社1972年版，第286页。

出现。全球化市场的出现昭示了现代生产与消费对民族壁垒的打破，正是在这一意义上，马克思重构"世界文学"的概念，将"世界文学"理解为现代性发展的内在趋势。我们知道，早在19世纪上半叶，晚年的歌德就提出了"世界文学"的构想。但是，歌德对"世界文学"的定义更多是在融合各民族文学的基础上形成的，而马克思则是从社会历史发展的整体趋势，尤其是物质经济和科学技术发展的全球化框架中定位"世界文学"的。他认为："过去那种地方的和民族的闭关自守和自给自足状态已经消逝，现在代之而起的已经是各个民族各方面互相往来和各方面互相依赖了。物质的生产如此，精神的生产也是如此。各个民族的精神活动的成果已成为共同享受的东西。民族的片面性和狭隘性已日益不可能存在，于是由许多民族的和地方的文学形成了一个世界的文学。"① 这不仅为"世界文学"的研讨开拓了更深广的社会学空间，同时揭示出内蕴于"世界文学"中的历史必然性观念。

在《资本论》中，马克思进一步分析了资本主义经济运行的规律，指出资本主义社会实际上是借助市场流通以及货币运行机制形成的崭新经济结构，它瓦解了传统小工业式的、封建式的、作坊式的经济模式，使生产的扩大、利益的猛增乃至人的自由解放成为可能。鉴于劳动者成为自由流通的商

---

① 《马克思恩格斯全集》第4卷，人民出版社1958年版，第470页。

品，劳动者突破了传统土地生产的有限模式，在自由社会中打破了传统人类的活动形态，建立起一种新型主体。没有这种自由的新型主体的出现，资本主义不可能迅猛发展。不过，新型主体虽然在新的经济结构中产生，却同时还要在政治运动、文化创造、审美接受等层面进行呈现。因此，伊格尔顿在《美学意识形态》的序言中非常精彩地提道："美学著作的现代观念的建构与现代阶级社会的主流意识形态的各种形式的建构、与适合于那种社会秩序的人类主体性的新形式都是密不可分的。"① 这就是说，美学的诞生适应了现代资本主义个体的生产与再生产，它具有为新型主体建构审美文化的意图。

在马克思对资本主义社会的分析和判断中，有一个很重要的观点是"瓦解传统"。在他看来，科学技术带来的生产力变革不仅构建出新的社会形态，而且迅速地瓦解了千年来的习俗规范，打破了既往固有的一切陈规。就像《共产党宣言》说的那样，"一切坚固的东西都烟消云散了"。资本主义展现出强大的突破和革新的力量，只是在马克思看来，这种具有生命力的社会结构还存在严重的问题，这种现代性形态还存在不可克服的内在矛盾，"资产阶级用来推翻了封建制

---

① 伊格尔顿:《美学意识形态》，王杰等译，广西师范大学出版社 1997 年版，第 3 页。

度的那个武器，现在却对准资产阶级自己了"①。资本主义对
剩余价值的追求不仅使社会财富积累产生两极分化，而且导
致了人被异化的状态，使人无论在物质生活还是精神需求上
都走向异化，人无法成为人。恩格斯的思想中也包含着这些
丰富的批判元素。在《路德维希·费尔巴哈和德国古典哲学
的终结》中，恩格斯提出了对传统哲学进行结构瓦解的观念。
他指出，传统的哲学尤其德国古典哲学是一种纯粹精神层面
的、具有唯心主义倾向的产物，而他要建构起一种实践的新
型哲学，并认为"随着 1848 年革命的爆发，'有教养的'德
国抛弃了理论，转入了实践的领域"②。恩格斯本身就是工厂
的负责人，他对现代社会中工人的生存状况非常理解，十分
清楚一种变革性的实践哲学的必要性。在《自然辩证法》中，
恩格斯还提出对科学的概念进行批判。在他看来，科学是现
代性的推动力，没有现代科学技术，现代理性无法建构起来。
只是在资本主义社会中，对科学技术的信奉可能会走向技术
决定论。因此，恩格斯又对科学技术进行了反讽，认为完全
按照启蒙理性与工具理性而建立起来的社会，"竟是一幅令
人极度失望的讽刺画"③。总之，马克思、恩格斯对现代资本
主义社会的批判揭示了一种新社会形态的可能性，一种新生

---

① 《马克思恩格斯全集》第 4 卷，人民出版社 1958 年版，第 472 页。
② 《马克思恩格斯全集》第 21 卷，人民出版社 1965 年版，第 352 页。
③ 《马克思恩格斯全集》第 20 卷，人民出版社 1965 年版，第 282 页。

活形式的可能性，一种新的文学艺术形态的可能性，为马克思主义现代性理论奠定了重要的基础。在当代，西方马克思主义对现代性的思考接二连三地涌现出许多重要的著述，现代性观念的问题不断被提出与改写。对文学现代性的思考充分体现了马克思主义文学理论的历史性。

在马克思主义现代性理论中，"合法性危机"是一个重要的命题。所谓"合法性危机"，指的是现代资本主义所建立的合法性权威蕴含的危机。卢卡奇在《历史和阶级意识——马克思主义辩证法研究》中，有一篇题为《合法性和非法性》的文章，专门谈资本主义法律的合法性危机。他指出，人们以为资本主义建立的法律法规就具有合法性权威，意味着法律、国家、经济组建了对他们来说可能的生存环境，但实际上并非如此，"法律制度是资本主义压迫的野蛮的权力工具"[①]。这种法律在施行的时候是饱含危机的，因为工人并不认可，法律的合法性在于为资本家的利益立法。在《启蒙辩证法》中，霍克海默尔与阿多诺则批判了现代科学技术引起的启蒙理性、工具理性的合法性危机。他们指出，理性本来是挑战神话的愚昧性而产生的，但在现代性社会中又沦为新的神话。"神话已经进行了启蒙，启蒙精神也随着神话

---

① 卢卡奇：《历史和阶级意识——马克思主义辩证法研究》，张西平译，重庆出版社1989年版，第287页。

学的前进，越来越深地与神话学交织在一起。启蒙精神从神
话中吸取了一切原料，以便摧毁神话，并作为审判者进入神
话领域。"[①] 当数学化的理性成为衡量一切的标准时，理性已
经变了质，成为控制人的存在。在这种启蒙理性的主导下，
大众文化与文化工业应运而生，成为新的文化形态，同时也
成为一种典型的文化现代性形态。作为文化现代性的产物，
文化工业构成资本主义社会现实的水泥，成为资本主义制度
的肯定者与拥护者，具有虚幻的意识形态效应。而在他们看
来，只有真正具有自律性的现代主义艺术，才具有革命、反
抗、否定的意义。这一观点在马尔库塞处得到回应。马尔库
塞同样也提倡坚持自律的审美形式，认为自律的现代文艺起
到对资本主义现代性的挑战作用。他在《审美之维》中指出：
"艺术通过其审美的形式，在现存的社会关系中，主要是自
律的。在艺术自律的王国中，艺术既抗拒着这些现存的关系，
同时又超越它们。因此，艺术就要破除那些占支配地位的意
识形式和日常经验。"[②]

哈贝马斯对现代性的批判诉诸"解构—重构"的模式。
他首先以解构的方式诊断出启蒙理性的问题，但同时又在启
蒙理性中看到一种新的可能性，也就是所谓的交往理性。他

---

① 霍克海默、阿多尔诺：《启蒙辩证法》，洪佩郁、蔺月峰译，重庆出版社 1990 年
版，第 9 页。
② 马尔库塞：《审美之维》，李小兵译，广西师范大学出版社 2001 年版，第 189—
190 页。

认为交往行为的合理性同样是伴随现代性而产生的，但却没有得到深刻的理解。哈贝马斯十分看重哲学家关于现代性的思想遗产。他在《现代性的哲学话语》中从黑格尔、尼采一直讨论到海德格尔、德里达，对现代性的哲学思考进行了翔实的梳理。在1980年出席法兰克福市"阿多诺奖"颁奖典礼时，他提供了一篇题为《论现代性》的演讲词，认为"现代性这项设计仍未完成"①，不仅如此，它还有待重新去完成。在《交往行动理论》中，他就致力于从交往行为的角度对现代性的积极价值进行整理，重建一种具有交往理性的公共领域。应该说，现代社会"公共领域"的雏形是17、18世纪兴盛于英法的文学沙龙，这些文学沙龙是初具现代性感觉的公共交往空间，但同时也充斥着资产阶级的精英主义立场，是一个平等交往被扭曲的公共空间。而哈贝马斯则希望通过交往理性串联起一种诉诸对话协商和充分的论证程序的公共空间，或者说一种理想的交往共同体。这种共同体具有"一种交往的共同体的统一性，就是说形成一种在政治公开性中透过交往而达到的意见一致，并通过交往得到维持"②。

哈贝马斯从理性秩序的重建来勾勒现代性的新可能，本雅明则截然不同。本雅明像一位诗人一样体悟现代性，因此

---

① 哈贝马斯:《论现代性》，载王岳川、尚水编:《后现代主义文化与美学》，北京大学出版社1992年版，第22页。
② 哈贝马斯:《交往行动理论》，洪佩郁、蔺青译，重庆出版社1994年版，第106页。

他对现代性的理解更为经验化。在《机械复制时代的艺术作品》中，本雅明提出科学技术开拓现代艺术可能性的命题。他认为，摄影与电影是具有现代合理性的新型艺术，同时也是具有革命意义的艺术。它改变了传统艺术的膜拜功能，使艺术的功能从宗教走向展示，并为普通大众所分享。以往，艺术总是高高在上，在资本家的珍藏室里面。由于这种艺术具有唯一性，大多数人无法体悟其真品的价值。电影则不同，电影可以被批量复制，成为人民大众即时即地可欣赏、接触的艺术。本雅明指出："复制技术使得复制物可以在任何情况下都成为视与听的对象，因而赋予了复制品一种现时性。这两个过程对递转之真实造成重大冲击，亦即对传统造成冲击，而相对于传统的正是目前人类所经历的危机以及当前的变革状态。这些过程又与现今发生的群众运动息息相关。最有效的原动力就是电影。"① 电影使艺术从私有财产变成了公共财富。在此前，传统的艺术尤其是绘画，总是被持有者所标价，而资本主义法律则保证这种私有财产的神圣不可侵犯性。而本雅明不仅看到电影作为公共精神财富的一面，还看到它对既有现代性充满诗意的宣战，对现代性"光晕"的破坏。应该说，本雅明从技术的角度出发理解现代艺术，为我们重新

① 本雅明：《迎向灵光消逝的年代：本雅明论艺术》，许绮玲、林志明译，广西师范大学出版社 2004 年版，第 61—62 页。

思考文学思想性理论打开了丰富的空间。

赫勒在 1983 年写了一篇题为《马克思与现代性》的文章，对马克思的现代性思考进行了精到的总结。赫勒认为，现代性理论有三大家——黑格尔、马克思、韦伯[①]。黑格尔是现代性理论的奠基者。黑格尔在他的《历史哲学》中认为现代社会的突出状态就是散文化状态。所谓散文化状态，意味着上帝离我们而去，人类在其生活中各自为政，世界成为一盘散沙，成为"流浪地球"。"现代世界是散文化的，没有伟大的容身之地，没有英雄，没有诗歌。"[②] 在黑格尔看来，中世纪人类的每一项行为都包含了神的安排，神灵护卫人类，赋予人类生活以意义。只要人类努力，神就能降临到身边。而现代启蒙运动虽然使人的认识能力增强，却使世界总体成为充斥着"散文意识"的庸俗社会。黑格尔对现代社会的批判在尼采那里成为一种憎恨与愤怒，直接促发了尼采对回返希腊的渴望。黑格尔对现代的理解主要从历史哲学出发，韦伯作为社会学家与文化理论家，则重点研究新教伦理与资本主义精神。新教伦理与资本主义精神实际上也是关于现代社会合理性的问题，它揭示了西方资本主义社会的内在精神动力，认为使资本主义制度与文化独一无二的原因是一种来自

① Agnes Heller, *A Theory of Modernity*, London: Blackwell Publishers, 1999, p. 19.
② Agnes Heller, *A Theory of Modernity*, London: Blackwell Publishers, 1999, p. 37.

清教伦理的宗教理性，后者使其区别于世界上的其他社会形态。韦伯同时看到，理性在走向现代的过程中出现了分化，具有康德指明的三个向度：一是从《纯粹理性批判》而来的科学的工具理性，二是从《实践理性批判》而来的道德伦理，三是从《判断力批判》而来的文化规范性。这就相当于说，现代社会在不断分化中出现了专业化、区隔化的现象，形成了各自独立的规则与规范，揭示出众多自律独立的领域。在这种情形下，"抛弃人类具有的浮士德式的面面俱到性，使自己限于一项专门工作，是在现代世界从事任何有价值的工作的条件"①。韦伯对现代性的这一思考对哈贝马斯启发很大。哈贝马斯同样致力于重建审美自律的规范性，而批判先锋派抹杀艺术与生活的界限，让生活的一切都成为艺术。他尤其批判利奥塔所追求的具有后现代主义的差异化艺术风格，认为后现代破除规范与规则所带来的是文化的沙漠，是一种没有规范性的虚无主义状态。当然韦伯也指出，这种各自规范化的资本主义社会也问题重重，各部门在不断走向独立的同时也造成了"隔行如隔山"，形成一种"铁笼子"的状态，逐步迈入困境。

在赫勒看来，马克思在黑格尔与韦伯之间建构出一种不

---

① 韦伯：《新教伦理与资本主义精神》，彭强、黄晓京译，陕西师范大学出版社 2002 年版，第 174 页。

同的对现代性的理解。在《马克思与现代性》中，她提出马克思关于现代性的七重命题①。第一，现代性是动态的、面向未来的，扩张和工业化构成其主要特征。马克思认为随着启蒙理性的发展，生产效率的提高，组织管理的精细化，人类社会呈现出一种趋向未来的进步性，这包含了进步的历史哲学观。第二，现代社会是合理化的。现代社会建立在科学技术和启蒙理性的基础上，并渗透到各个领域中，使社会各环节间形成一种普遍适用的理性规则，从而打破愚昧的传统神话思维，建立一套以科学为根基的有效范式。第三，现代社会是功能主义的社会。功能主义社会就是以"起作用"为主导性评价标准的社会，也就是说，人在社会中扮演了什么样的角色，承担了什么使命、占据了什么位置、在社会系统结构中发挥了什么功效，成为评价行动的原则。倘若一个人很能干，却在社会系统中发挥不出"作用"，那么这个人同样会遭到现代社会的排挤。这种功能主义社会是相对传统的阶层固定的社会而言的。在传统社会中，你的人生通常决定于出身阶层。出身贵族，那就一辈子占据着社会的主导权。出身于贫寒家庭，有可能一辈子都抬不起头。但在资本主义社会中，一个人只要足够能干并发挥出一种改变性的力量，社会机器的运转就离不开这个人。第四，科学而不是宗教成为

---

① Agnes Heller, "Marx and Modernity", *Thesis Eleven*, 1984, Vol. 8, No.1, pp. 44–58.

知识积累的基础。在传统社会尤其是西方的中世纪，知识的积累主要通过宗教的修炼来实现。通过读经修炼，人可以一步步地抵达拯救心灵的境地，成为德高望重的神父。而在现代社会，科学成为衡量知识的标准。一种观念的提出要经受科学的检验才能获得合理性，因此物理学、化学、数学开始兴盛。以科学为知识基础的社会具有不断革命的特性。在特定时期无法解决问题的技术，必定会经历革命，譬如从蒸汽、电力到信息技术的革命。第五，传统习俗的瓦解与传统道德的丧失。在现代社会，延续了千百年的风土民俗、迷信观念在有些时候行不通了，现代社会建立起一种新型的道德基础，从大写真理出发提出一种普遍化的价值规范，并延伸到各种领域。以美学为例，现代社会对美的理解不再从一些零碎的习俗出发，而是从普遍化角度建立关于美的本质观念，形成一种大写的美学观。第六，创造和解释的经典的腐化。这一观点很精彩，它揭示出经典在现代社会被逐渐视为不被看重之物，对于经典的创造和解释日益边缘化，我们中国人在五四时期的运动中最能体会这点。在五四新文化运动之前，中国社会也有尊奉的经典，我们要按照《论语》来行事，要按照《诗经》来写诗。但在五四新文化运动中，我们引进了"德先生"与"赛先生"，对这些传统的经典展开了猛烈的批判，在破坏经典规范的同时建立起以白话文和科学为基础的思维范式。第七，关于正确和真实的概念的多元化。什么是真理？在中世纪，人们对这一概念是有明确规定的，真理就是神，是具有神圣性的普遍范畴。但在现代社会，对真理的理解变得多元了，一个人信以为真的东西对另一个人来说却未必。政治、科学、艺术等不同领域对真理的理解也迥然各异。以上是赫勒对马克思的现代性理解的梳理，它对我们审视现代性特别是文学现代性是很有启发的，我们可以甄选任何一条来理解文学的现代性特征。

比如说现代社会是动态的、面向未来的。我们可以说，文学观念也是动态、面向未来的。没有任何文学的定义是固定不变的、不可挑战的。总有关于文学的新理解出现，挑战既有的规范，发现既有定义的危机，不断创新、变化与解放，重建新的文学合法性。又比如说现代社会趋于合理化，在现代社会中，文学定义也倚仗合理性基础，不同合理性的提出建构起不同文学的新规范。在清代以前，小说不过是枝末小道，属于街谈巷语之物，而梁启超却论证说，小说是"文学之最上乘"。小说更好地体现了"熏""浸""刺""提"四种支配人道的力，因此"欲新一国之民，不可不先新一国之小说"[1]。在我看来，这事实上相当于为新的文学文体建立起合理性基础。但梁启超建构的小说合理性没有深入各种题材中去。唐弢在主编文学史书籍时没有把鸳鸯蝴蝶派等庸俗文学

---

① 梁启超：《论小说与群治之关系》，《新小说》1902 年第 1 期。

写进去。武侠小说曾经也具有合法性的危机，而在今天的文学史中，金庸的文学已经被视为经典，这又得益于新的文学合理性规范的建立。总之，赫勒对现代性每一方面的剖析都对我们谈论文学问题起着启发的作用。

在我看来，文学现代性或者说审美现代性主要涉及四个方面。第一，世俗化。从黑格尔、马克思、韦伯的论述中，我们可以看到对现代世俗化的描述。马克思批判宗教为虚幻的花朵，主张人类应回到现实生活中，这深刻影响着现代文学观念。现代文学不再强调所谓的神圣化、宗教化、救赎化，而是关切世俗的人生，描画芸芸众生的生活，相信一切制度都是由人所建构的。第二，自律。审美自律指的就是文艺实践形成自己一套独立的规范，美学成为独立的学科，这是现代社会的进步所在，当然，辩证地看，自律的审美也暴露出许多弊病。第三，感性。尽管涉及启蒙理性，但审美现代性理论更多具有对人类感性的肯定和张扬，主张对人的感觉、感受、想象、身体、欲望予以重视。第四，时间性。这里说的时间性主要指对当下的肯定，指在现代与古代的对比关系中对此刻性价值的确证。

肯定当下还是肯定过去是西方 17 世纪"古今之争"的关键点，也是讨论现代性不可绕开的问题。我们知道，中国古代文化具有明显的崇古形态。儒家士大夫渴望回到夏商周三代，以周文王的话为治世典范，就像孔子在《论语》中说的，"周监于二代，郁郁乎文哉！吾从周"。刘勰在《文心雕龙》中讲"征经""宗圣"，代表了以古为根源的文学观念。这种以古为尊的文学观认为文学创作只有符合曾经的规范，才具有合法性。与之相反，文学现代性观念对当下尤其看重。文学现代性重视对瞬间的理解，"瞬间"这一概念最妥帖地表达了现代性的原初意义。同时，文学现代性又重视对"瞬间"的普遍价值的建构。波德莱尔认为，"现代性就是过渡、短暂、偶然，就是艺术的一半，另一半是永恒和不变"[①]。他在这里建立了一种时间的辩证法，主张在瞬间中挖掘永恒的启示和意义。当然，这一切的基点都在于肯定"当下"。

马克思主义对审美现代性问题贡献了丰富的思想，通常将审美自律、世俗化、时间、感性放在整体结构中来剖析。比如说，本雅明十分关注时间性的问题，看到了传统艺术具有的此时此地性特征。但本雅明同时谈到大城市中人的经验偶然性，认为人们日常在街道中彼此擦肩而过的感觉组成了现代性的日常生活经验。这种陌生化的感受和《机械复制时代的艺术作品》中对电影审美感受的诠释是相同的，都表现了一种震惊的革命效果："在这来往的车辆行人中穿行把个体卷进了一系列惊感与碰撞。在危险的穿行里，神经紧张的刺

---

① 波德莱尔：《1846年的沙龙：波德莱尔美学论文选》，郭宏安译，广西师范大学出版社2002年版，第424页。

激疾速地、接二连三地通过体内，就像电池里的能量。"① 本雅明的历史哲学正是要在这种瞬间中找到通往永恒的点。在他那里，这一救赎的瞬间是由无数碎片构成的瞬间。本雅明在《历史哲学论纲》里写道，革命的历史学家"所建立的关于现在的概念是一个把现在看作透入了弥赛亚式时间的碎片的'当下时间'的概念"②。通过"星座化"的方式，所有的碎片在瞬间中连缀在一起，成为一种总体性的力量。可以看到，本雅明所指的现代性是具有革命意义的，它不同于资本主义的现代性理解，是一种包含新的乌托邦意义的现代性观念。这种新的乌托邦恰恰寓于瞬间的震惊经验中，主张在震惊中寻求救赎的可能性。本雅明这一观点富有原创性，也和救赎美学以及他的神学情结联系在一起。当然，尽管本雅明有的时候被划为神学马克思主义者的代表，但我们还是不能忽略他这一论述所体现的经验唯物主义。他的历史哲学是在经验唯物主义的基础上建构的时间的辩证法。

对于现代性的感性问题，马尔库塞的著作提供了详细的论述。马尔库塞认为在现代资本主义社会中，理性对感性构成殖民，理性强行将感性收服于其下，使感性力量不得呈现。马尔库塞通过"爱欲"这一概念，试图打破资本主义的工具

---

① 本雅明：《发达资本主义时代的抒情诗人：论波德莱尔》，张旭东、魏文生译，生活·读书·新知三联书店1989年版，第19页。
② 本雅明：《本雅明文选》，陈永国、马海良编，中国社会科学出版社1999年版，第415页。

理性，重建一种新的理性可能。这种新理性诉诸从本能到爱欲的感性升华。"爱欲的目标是要维持作为快乐主—客体的整个身体，这就要求不断完善有机体，加强其接受性，发展其感受性。"[①] 正因如此，马尔库塞对审美自律尤其重视。应该说，法兰克福学派乃至当代的大多数马克思主义者都非常看重审美自律，认为在审美的形式中，我们能挖掘一种反抗、否定、解放的力量。总的来说，对于审美的世俗化、自律性、感性和时间性诸方面，马克思主义都做出了非常卓越的理论贡献。

---

① 　马尔库塞：《爱欲与文明——对弗洛伊德思想的哲学探讨》，黄勇、薛民译，上海译文出版社 2008 年版，第 139 页。

第四节 •
马克思主义文学理论的先锋性 •

　　基于文学历史性，马克思主义文学理论内含着先锋性。有的人可能疑惑，马克思主义文学理论在固有印象中是很死板和僵化的，怎么和先锋性有关系呢？事实上，文学先锋性是马克思主义关于文学历史性的重要命题，它也包含在文学现代性范畴中，但同时涉及后现代性。所谓"先锋"，指的是与时俱进甚至是超越时代。一种文学理论如果脱离或落后于时代，就无法抓住最新鲜的现实力量，而一种理论如果与时俱进，不断地捕捉最新颖和原创的文学现象，那么这个理论本身就具有生命力，能够不断地提出新的概念、新的范畴、新的命题。马克思主义总是关注社会历史新现象，本能地蕴含着先锋性因素。

　　马克思主义者对先锋性的论述是很丰富的。我从四个文本的比较来看：一是波德莱尔的文章《现代生活的画家》，二是恩格斯在 1840 年写的文章《现代文学生活》，三是本雅明的《发达资本主义时代的抒情诗人》，四是詹姆逊的《后现代主义或晚期资本主义的文化逻辑》。通读这四个文本，可以深刻地体会到马克思主义文学理论并不是守着教条来理解文学的，而是深入所处时代最新的文学现象并赋予其理论的力量。

波德莱尔的《现代生活的画家》写于 1860 年，是他定义审美现代性的经典文章。在此之前，波德莱尔在 1845 年和 1860 年的文章中都表达了对现代性的理解。在这篇文章中，波德莱尔提出的第一个观点是"美、时式和幸福"。他指出："在社会上，甚至艺术界，有这样一些人，他们去卢浮宫美术馆，在大量尽管是第二流却很有意思的画家的画前匆匆而过，不屑一顾，而是出神地站在一幅提香的画、拉斐尔的画或某一位复制品使之家喻户晓的画家的画前；随后他们满意地走出美术馆。不止一位心中暗想：'我知之矣。'也有这样的人，他们读过了博絮埃和拉辛，就以为掌握了文学史。"① 可以看到，波德莱尔对文学的历史性问题是特别关注的，他在这里批判了那些对二流作家的特殊的美不屑一顾的欣赏者，因为他们忽视了时式。某种意义上说，波德莱尔就是一个马克思主义的文学家。我的定位不是凭空而来的，大家同时可以参考本雅明对波德莱尔的诠释。在《发达资本主义时代的抒情诗人》中，本雅明就看到波德莱尔非常敏锐地

---

① 波德莱尔:《1846 年的沙龙：波德莱尔美学论文选》，郭宏安译，广西师范大学出版社 2002 年版，第 414 页。

对资本主义的真实生活体验进行了感受与书写，同时提出对这种生活的反抗的革命。他说："对于这些职业密谋家，马克思说道：'他们是革命的炼金术士，完全继承了昔日炼金术士的邪说歪念和狭隘的固定观念。'这些话几乎可以原封不动地用在波德莱尔的形象上：一方面，是个高深莫测的预言家，另一方面是个诡秘地专事密谋的人。"① 从传统的马克思主义文学批评出发，我们也许想都想不到这一点，但本雅明恰恰就看到了波德莱尔现代主义象征主义文学书写的革命性。

波德莱尔同时又说："幸好不时地出现一些好打抱不平的人、批评家、业余爱好者和好奇之士，他们说好东西不都在拉斐尔那儿，也不都在拉辛那儿，小诗人也有优秀的、坚实的、美妙的东西。总之，人们无论如何喜爱由古典诗人和艺术家表达出来的普遍的美，也没有更多的理由忽视特殊的美、应时的美和风俗特色。"② 这一表述事实上就是对现代、对时下的肯定。波德莱尔接着以同时代的时装为例指出："我眼下有一套时装式样图，从革命时期开始，到执政府时期前后结束。这些服装使许多不动脑筋的人发笑，这些人表面庄重，实际并不庄重，但这些服装具有一种双重的魅力：艺术的和

---

① 本雅明：《发达资本主义时代的抒情诗人：论波德莱尔》，张旭东、魏文生译，生活·读书·新知三联书店 1989 年版，第 35 页。
② 波德莱尔：《1846 年的沙龙：波德莱尔美学论文选》，郭宏安译，广西师范大学出版社 2002 年版，第 414 页。

历史的魅力。"① 这段话再度表明了他对现代美的重视。对波德莱尔来说，绝对的美是他所拒绝的，他要建立一种历史的美，使特殊的美与普遍的美维持在张力中，使美永远地、必然地成为一种双重的构成。这篇文章正是基于这一主要观点，建立起一种对当下艺术先锋性进行肯定的新美学形态，这种美学重视速写风俗、重视市民生活、追求时髦场景。在文章的第四部分，波德莱尔正面讨论现代性。他写道："他就这样走啊，跑啊，寻找啊。他寻找什么？肯定，如我所描写的这个人，这个富有活跃的想象力的孤独者，有一个比纯粹的漫游者的目的更高些的目的，有一个与一时的短暂的愉快不同的更普遍的目的。他寻找我们可以称为现代性的那种东西，因为再没有更好的词来表达我们现在谈的这种观念了。对他来说，问题在于从流行的东西中提取出它可能包含着的在历史中富有诗意的东西，从过渡中抽出永恒。"② 波德莱尔这里对审美现代性的定义十分清晰也十分精彩，他明确提出了一种具有历史性和现代性的美学价值观，使这篇文章具有划时代的意义。

　　1840 年，恩格斯在非常年轻的时候写了一篇叫《现代文学生活》的文章，对当时最新的文学创作现实进行探讨，

① 波德莱尔：《1846 年的沙龙：波德莱尔美学论文选》，郭宏安译，广西师范大学出版社 2002 年版，第 415 页。
② 波德莱尔：《1846 年的沙龙：波德莱尔美学论文选》，郭宏安译，广西师范大学出版社 2002 年版，第 424 页。

比上面提到的波德莱尔的文章更早地涉及了文学先锋性的问题。我以前对恩格斯的理解比较片面，提到他的文学理论，更多地想到的是他在评价拉萨尔剧本时说的"美学的标准和历史的标准"。但是，读到他年轻时期的《现代文学生活》，就感到他对文学先锋现象的解读不亚于波德莱尔。这篇文章的第一部分讨论剧作家卡尔·谷兹科夫。恩格斯认为，谷兹科夫是第一个真正的现代悲剧家，他的著名作品《扫罗王》最能代表这一点。在恩格斯看来，《扫罗王》展现出对历史传说的独特理解，而他的文章恰恰致力于对《扫罗王》进行历史诗学的建构，把扫罗视为一种历史的形象。恩格斯写道：

> 扫罗结束了希伯来人的历史时期，结束了法官时代和英雄传说时代。扫罗是那个他不理解那个时代，那个时代也不理解他的一代勇士中幸存下来的最后一个以色列的尼贝龙根。扫罗在那个朦胧的神话时代一开始便注定了是个刀光剑影的追随者。他的不幸在于，他生在一个文化传播的时代，一个同他格格不入、注定使他的宝剑生锈的时代，因此，他企图使这个时代倒退。总之，他是一个高尚的人，任何合乎人性的东西对他都不是格格不入的；但是，他不知道什么是爱情，当爱情穿着新时代的服装向他走来时，他不认识它。他认为这个新的时代及其

种种表现是祭司的产物。其实，祭司们仅仅为这个新时代做了准备，他们不过是历史手中的工具而已；从历史播种的教阶制中，从未见过的幼苗生长出来了。扫罗反对新时代，而新时代却越过了他，一下子就获得巨大的力量，摧毁一切反抗它的东西，也包括伟大的、高尚的扫罗。①

恩格斯把这些人物分析都放在历史转变的框架中来呈现，突出了谷兹科夫戏剧对时代先锋意识的把握。在第一部分的结尾，恩格斯赞赏谷兹科夫的戏剧是"独树一帜的"，并认为他掀起了一种可以引领现代青年作家的现代风格。这种现代风格"生动具体，措辞锋利，色调丰富，因而为每个青年作家自由发展各自的才能——不管是小溪还是大河——开辟了天地，而不使他们自己的特色，掺杂太多的别人的东西，诸如海涅的尖酸，或谷兹科夫的讥讽。令人高兴的是，每个青年作者都力求把握住具有傲然沸腾着的激情焰火的现代风格，焰火到达顶点后，洒下阵阵五彩缤纷的、富有诗意的火花雨，或者迸射出噼啪作响的智慧火星"②。大家如果认真读一下这篇文章，就能感受到恩格斯文学批评思想的先锋

---

① 《马克思恩格斯全集》第41卷，人民出版社1982年版，第66—67页。
② 《马克思恩格斯全集》第41卷，人民出版社1982年版，第74页。

性，这种先锋性展现出对文学的当下历史性的重视。

从波德莱尔和恩格斯的文章中，我们可以感受到，马克思主义文学理论鲜活的生命力就在于对当下的重视。任何一种文学理论如果不关注文学的新问题，不能够做到与时俱进，就会随着历史的发展而显得过时，成为垂死的理论。马克思主义文学理论坚持对文学进行历史性定位，因此具有先进性。

说波德莱尔对现代艺术的阐释是一种具有马克思主义特征的阐释，这一命题当然有待商榷。但如果联系本雅明的《发达资本主义时代的抒情诗人》，就可以发现，本雅明正是从现代性的先锋性角度出发整合与肯定波德莱尔的探索，在波德莱尔自发的历史唯物主义感知的基础上，给出了富有马克思主义特征的理论升华。本雅明注意到波德莱尔对1830年法国进入"发达资本主义时代"后的文学、社会、艺术的新型状况的洞察，并在波德莱尔漫游巴黎时捕捉的各种意象——波希米亚人、纨绔子弟、大众、女性、拾垃圾者——中找到了现代性的呈现方式，也就是寓言的表达。在本雅明看来，波德莱尔诗中的语言美学诗立足瞬间性的表达，主张在瞬间性的印象中找到意义的可能性。这种瞬间性不是在教堂中感受到的，而是在现代城市的日常生活中，在我们天天接触的大众中提炼出来。波德莱尔大量使用日常口语入诗，揭示出属于日常大众的瞬间性体验，这是极为现代的意象建构，与传统的表达方式截然不同。我很欣赏本雅明对波德莱尔的《恶之花》的这段分析：

> 他大量地运用寓言，把它们置于某种语境之中
> 从而在根本上改变了它们的性质。《恶之花》是第
> 一本不但在诗里使用日常生活词汇而且还使用城市
> 词汇的书。波德莱尔从不回避惯用语，它们不受诗
> 的氛围的约束，以其独创的光彩震慑了人们。他
> 常常使用 quinquet（油灯）、wagon（马车）或是
> omnibus（公共车），遇见 bilan（借债单）、réverbère
> （反光镜）和 voirie（道路网）这类词也不退缩。让
> 某种寓意在没有预先准备的情况下突然出现是抒情
> 词汇的特性。如果我们说我们随处都能领会波德莱
> 尔的语言精神，那么我们往往是在这种唐突的巧合
> 中将它捕获的。[①]

在本雅明看来，波德莱尔所使用的是一种暴动的语言技巧，这同时也是一种革命的技巧。波德莱尔是用诗的语言进行暴动的革命家：

[①]　本雅明：《发达资本主义时代的抒情诗人：论波德莱尔》，张旭东、魏文生译，生活·读书·新知三联书店 1989 年版，第 120—121 页。

　　波德莱尔殁世几年后，布朗基以一桩可资纪念的业绩为自己密谋者的一生举行了加冕式。那是在行刺维克多·诺亚之后。布朗基想清点一下他的部队的编制。他只认得他的那些中队长，而其余的人里有多少认得也难以确定。他与格朗杰联系，这位副手便组织了一次布朗基主义者的检阅。热弗鲁瓦这样描写这场检阅："布朗基全副武装地离开家，走时同他的姐妹们道别，随后来到他香榭丽舍大街上的阅兵点，根据他与格朗杰的议定，这支以布朗基为其神秘总司令的队伍将要通过检阅。他认得那些首领，现在，他可（渴）望看到在那些首领身后迈着正步从他面前走过的人们。布朗基不露任何蛛丝马迹地举行了他的这次检阅。这位老人倚着一棵树，站在与他同样地在观看这一奇特场面的人群中，密切注意着他的那些朋友，他们排成行列向前进，静静地走着，夹杂着一些低语，不断被喊话声打断。"波德莱尔的诗里便包含了使这类事情得以发生的力量。①

　　本雅明的作品是十分诗意化的。他的思维联想灵活宏大，

①　本雅明：《发达资本主义时代的抒情诗人：论波德莱尔》，张旭东、魏文生译，生活·读书·新知三联书店 1989 年版，第 121—122 页。

读书也非常精准，从很远的材料中就可以信手拈来一个与波德莱尔诗歌的契合点。他在这里借热弗鲁瓦 1897 年出版的《囚徒》这本书的原话指出，"密谋者"所使用的技巧不是正规军队将军的发号施令，而是站在人群中、在喧闹声中观看队伍的行为。波德莱尔的诗歌恰恰就包含着这种密谋式刺杀的力量："布朗基的行为是波德莱尔的梦想的姐妹。他们两人互相盘绕在一起。他们是巨石上一双互相盘绕的手，在这块巨石下面，拿破仑三世埋葬了六月战士们的希望。"① 本雅明清晰地指出，波德莱尔所要追求的东西，就是一种先锋的、革命的意义。从这一角度说，与阿多诺对勋伯格音乐的分析一样，本雅明的文学理论也是一种具有现代先锋主义特点的马克思主义文学理论。

在捷克斯洛伐克，有一位马克思主义诗人叫泰格（Karel Teige），活得不长，50 多岁时就去世了。作为马克思主义者，泰格特别重视先锋主义和现代主义，也是超现实主义流派的重要代表人物之一。泰格关注超现实主义的诗歌与绘画，同时也关注超现实主义建筑的发展，结合日常生活诗学，提出了非常前沿且时兴的观点，比如"诗歌主义"（poetism）。他在 1924 年写的《诗歌主义》宣言中指出："如果说新艺术，

① 本雅明：《发达资本主义时代的抒情诗人：论波德莱尔》，张旭东、魏文生译，生活·读书·新知三联书店 1989 年版，第 122 页。

也就是我们说的诗歌主义，是生活的艺术，是生活与享乐的艺术，那么它最终必然会成为日常生活的自然部分，就像运动、爱情、美酒与其他各种美好的事物一样令人愉快且容易获得。"[1] "诗歌主义"打破了浪漫主义传统对文学与艺术的学院派定义，提倡日常生活的狂欢化，主张将生活加工成"一只奇趣横生的万花筒"[2]，具有乐观的先锋主义色彩。泰格不仅关注现代主义艺术，还自身实践现代主义，创作了很多先锋诗歌与拼贴画，推动建立了一系列新的美学原则。同样践行现代主义实验的马克思主义者还有德国的布莱希特。布莱希特对史诗剧的实验，尤其是《三角钱歌剧》，打破了亚里士多德建立的"共鸣"范式戏剧原则。他认为传统的"共鸣"范式无法引起观众的批判精神，新戏剧的任务就在于通过"陌生化"的手法，推动观众的智识反思："史诗剧很重视干扰现象，并把产生干扰现象的原因归结为社会变化，并努力创造一种能放弃全面共鸣的表演方法。不应通过感染的方式，而应该用另外一种方法来建立演员和观众之间的接触。必须把观众从催眠状态中解放出来，必须使演员摆脱全面进入角

---

① Karel Teige, "Poetism", in Eric Dluhosch and Rostislav Švácha, eds., *Karel Teige/1900-1951: L'enfant Terrible of the Czech Modernist Avant-Garde*, Cambridge: The MIT Press, 1999, p. 66.

② Karel Teige, "Poetism", in Eric Dluhosch and Rostislav Švácha, eds., *Karel Teige/1900-1951: L'enfant Terrible of the Czech Modernist Avant-Garde*, Cambridge: The MIT Press, 1999, p. 68.

色的任务。"① 布莱希特这种反叛传统的戏剧观同样展现出马克思主义文学理论在先锋性上的着力。

再来看詹姆逊的《后现代主义或晚期资本主义的文化逻辑》。詹姆逊这本书的一大重要概念在于"晚期"（late），这揭示出西方资本主义社会最时兴的社会结构形态。这种形态不同于 20 世纪初期的状况，也不是 19 世纪的发达资本主义，而是进入跨国资本主义甚至是全球资本主义的状况。在晚期资本主义中，资本主义的物质基础、科学技术、经济交流、文化传播都迈入全球化的状态，信息技术与数字化金融迅猛发展。詹姆逊借用曼德尔的概念清楚地将这一时代界定为"晚期资本主义时代"。"晚期资本主义时代"同时也是贝尔所说的"后工业时代"或"信息社会"。在詹姆逊看来，晚期资本主义产生的主导性文化现象就是后现代主义。后现代主义不是一种简单的风格，而是特定时代下的文化形态，它的基本逻辑是消费文化与大众文化的泛滥，今日的美学生产已经被并入商品生产：以更快的速度去生产更新奇的商品，从服饰到飞机，这种疯狂的经济迫切需要现在赋予美学创新和实验的一种愈显重要的结构性作用和立场。后现代主义文化的代表者有沃霍尔的波普艺术，摇滚乐等朋克艺术，《神

---

① 布莱希特：《布莱希特论戏剧》，丁扬忠等译，中国戏剧出版社 1990 年版，第262 页。

经漫游者》等科幻小说。在《神经漫游者》这本书中，吉布森塑造了一个为了生存而被迫受雇于跨国企业，在赛博空间中盗取机密信息的主人公凯斯。凯斯将人类的神经接入网络并贩卖他人信息，但他在得罪黑恶势力后，被卷入了解放人工智能的任务，要带着拥有自我意识的人工智能向人类造反。所谓"神经漫游者"，就是指那种将人的精神灵魂插入人工智能系统中的存在形态。《神经漫游者》深刻揭示出互联网技术对人类可能性状况的冲击。在后人类时代中，因为人工智能的存在，人的身心体验乃至道德伦理变得无法控制。这种新的文化现象是詹姆逊尤为关注的。

《向拉斯维加斯学习》一书值得阅读。拉斯维加斯坐落在洛杉矶以东，是世界闻名的娱乐大都城，到处都是赌场和娱乐中心。在这本书中，三位现代建筑设计师为了调研，一同走访拉斯维加斯，写成了这本百来页的后现代主义建筑宣言。在他们看来，"我们所处的时代不是凭借纯粹的建筑物传达宏伟的环境。每一个媒体都有属于它的时代，我们时代浮夸的环境状况——市政的、商业化的或者住宅的——将源自更具象征性，也许会更为生动并更适应于我们环境尺度的媒体"①。立足于这一前提，他们认为后现代主义建筑必须向

---

① 文丘里等：《向拉斯维加斯学习》(原修订版)，徐怡芳、王健译，知识产权出版社，中国水利水电出版社 2006 年版，第 128—129 页。

拉斯维加斯学习。与传统建筑追求实用与美观不同，拉斯维加斯的建筑追求平凡、庸俗与丑陋，它的构造并没有象征的功能，而是完全按照商业的可能性来谋划城市与街道，使其充分体现出商业刺激下的平庸性与便利性，推崇大众都迷恋的东西，主张把欲望推向极致。

詹姆逊在他的文章中评述了《向拉斯维加斯学习》中的这一点，并把它延伸到后现代文化现象中，比如戈达尔的电影、法国"新浪潮"、格里耶的"新小说"等。他指出"新小说"提出一种新的物质主义概念，那就是凸显物本身，而不是强调物作为心灵的象征。巴尔扎克现实主义小说中的物总是有心理象征意义的、有深层内涵的，而新小说就是纯视觉的杂耍，要以视觉主义的方式把物本身暴露出来。这种削平深度的美学原则，与后现代主义的大众化浪潮息息相关，品钦的《万有引力之虹》、约翰·凯奇的《4分33秒》亦是如此，是"大众主义"（populism）或者说"民本主义"的表现，是意义深度向平面化迁转的体现："一种新的平板性或无深度性的出现，这是一种最名副其实的肤浅性。或许这是所有后现代主义最重要的形式特征。"① 所谓从"深度"到"平面"，我们比较海德格尔对凡·高的《农鞋》和沃霍尔的《钻

---

① 詹明信（詹姆逊）：《后现代主义或晚期资本主义的文化逻辑》，吴美真译，时报文化出版企业股份有限公司1998年版，第28页。

石粉末鞋》的阐释就可以清晰地理解。在《艺术作品的本源》中，海德格尔从存在主义现象学的角度去解读凡·高画的农鞋，把鞋的意义与人的存在、人与世界的关联联系在一起，是一种追求深邃意义的阐释。而沃霍尔的钻石鞋突出表面的浮华。它就像我们平常在春熙路的橱窗里看到的那种高跟鞋，是一种纯粹展示的商品，在其中意义的指向变得子虚乌有，能指与所指之间是断裂的。詹姆逊在最后表示，他要建构一种新型的美学，也就是"认知图绘"（cognitive mapping）式的美学："后现代主义的政治形势（倘使存在的话）的使命将是在社会及空间的规模上，发明并设计一种全球性的认知性地图绘制。"① "认知图绘"充分考虑后现代文化所带来的可能性，力图在晚期资本主义的历史空间中重新对人的政治文化进行方位界定，也是新型的文化政治学理论。我认为，这是詹姆逊在当代马克思主义视角中看到了新现象、新文化建构的力量，从而建立的马克思主义先锋理论新形态。事实上，以哈特穆特·罗萨为主的一批法兰克福"第四代"学者也是在做这样的事情。正是因为有新问题域的引进，不断吸收当代文化的新精神以丰富自身理论的阐释力，马克思主义文学理论才能具有持续的原创性。

---

① 詹明信（詹姆逊）：《后现代主义或晚期资本主义的文化逻辑》，吴美真译，时报文化出版企业股份有限公司1998年版，第77页。

研讨专题

1.马克思主义为什么要将文学纳入历史语境中来加以理解?

2.马克思主义对文学起源的思考与游戏说、模仿说、巫术说有什么不同?

3.审美现代性理论的核心观点具体体现在哪些方面?

4.马克思主义如何理解先锋艺术的政治革命意义?

拓展研读

1.朱立元:《历史与美学之谜的求解》,学林出版社1992年版。

2.卡林内斯库:《现代性的五副面孔》,顾爱彬、李瑞华译,商务印书馆2001年版。

3.齐格蒙·鲍曼:《现代性与大屠杀》,杨渝东、史建华译,译林出版社2002年版。

4.韦伯:《新教伦理与资本主义精神》,彭强、黄晓京译,陕西师范大学出版社2002年版。

5.哈贝马斯:《现代性的哲学话语》,曹卫东译,译林出版社2011年版。

6.比格尔:《先锋派理论》,高建平译,商务印书馆2002年版。

第四章
/Chapter 4/

文学的符号性

· · · · · · · ·

　　文学是语言的艺术，要理解文学必然触及语言的问题。古往今来，无论是《尚书·尧典》里说的"诗言志"，还是亚里士多德《诗学》里关于声音、节奏、韵律的讨论，都十分关注文学的语言符号这一基本问题。马克思主义文学理论要构建其阐释合法性，就不能漠视语言的问题，结构语言学和符号学理当成为马克思主义文学理论的重要内容。事实上，从马克思、恩格斯开始，马克思主义者对语言符号的问题就形成了众多的思想和观点，为人们把握文学的语言符号性提供了重要的方法论启示和原创性观点。

第一节 •
马克思、恩格斯的语言观 •

　　保罗·拉法格通常被认为是第一位马克思主义语言理论家。在他描述他与马克思、恩格斯接触印象的回忆录中，我们可以感受到马克思、恩格斯对文学语言问题的特别关注。拉法格回忆说：

　　　　他（马克思）能背诵海涅和歌德的许多诗句，并且常在谈话中引用他们的句子；他经常研读诗人们的著作，从整个欧洲文学中挑选诗人；他每年总要重读一遍埃斯库罗斯的希腊原文作品，把这位作家和莎士比亚当作人类两个最伟大的戏剧天才来热爱他们。他特别热爱莎士比亚，曾经专门研究过他的著作，连莎士比亚剧中最不惹人注意的人物他都很熟悉。马克思一家对这位伟大的英国戏剧家有一种真诚的敬仰。马克思的三个女儿都能背诵莎士比亚的作品。1848 年以后，当马克思想使自己的英语知识达到完善的境地时（他的英文阅读能力已经很

高了），他把莎士比亚特殊风格的词句都搜寻出来
并加以分类；对于科贝特（这位作者也是他很敬重
的）的论辩著作他也下了同样的功夫。但丁与白恩
士也是他所喜爱的诗人。听自己的女儿们背诵苏格
兰诗人白恩士的讽刺诗或咏唱诗人的情歌，对于他
是一件莫大的乐事。[①]

马克思能够阅读欧洲一切国家的文字，能用德、
法、英三种文字写作，而且写得非常好，使精通这
几种文字的人都称赞不已。他喜欢这样说："外国语
是人生斗争的一种武器。"

他有惊人的语文天才，他的女儿们也继承了这
种天才。当他开始学俄文的时候已经五十岁了，尽
管俄文十分困难，但经过半年的学习，他已经能够
津津有味地阅读俄国诗人和散文家的著作了，他特
别敬爱普希金、果戈理和谢德林。他学俄文是为了
能够阅读几种官方的调查报告，这些报告由于揭露
了骇人听闻的材料而被政府禁止发表。[②]

---

① 保尔·拉法格、威廉·李卜克内西：《忆马克思恩格斯》，杨启潾等译，生活·读
书·新知三联书店 1963 年版，第 5—6 页。
② 保尔·拉法格、威廉·李卜克内西：《忆马克思恩格斯》，杨启潾等译，生活·读
书·新知三联书店 1963 年版，第 7 页。

拉法格从一个语言学家的角度突出了马克思对于外语学习的重视和对文学语言精细体悟的执着。他谈到的背诵，某种程度上就是新批评说的"细读"的基础。拉法格还有一篇对于恩格斯的回忆，他在其中同样突出了恩格斯对语言的看法：

> 他对欧洲各国的语言，甚至某些方言的知识简直是了不起的。
>
> 巴黎公社失败以后，当我见到"国际"西班牙全国委员会的几个委员时，他们都对我说，伦敦有一个叫昂格尔的人代理我的西班牙总委员会书记的职务，他用最道地的加斯梯里亚方言写信。这个昂格尔其实就是恩格斯，只是他们按照西班牙语的发音来念他的姓而已。当我到里斯本的时候，葡萄牙全国委员会书记弗兰契亚告诉我，他时常接到恩格斯用道地的葡萄牙文写的信。同样，恩格斯也精通意大利文。当你注意到这几种文字之间的一致性和细微的差别的时候，你就会想到，这种造诣是多么惊人呵！
>
> 恩格斯和每个跟他通信的人写信时都喜欢用对方的语言。他曾经用俄文写信给拉甫罗夫，用法文写信给法国人，用波兰文写信给波兰人，等等。他

很欣赏用方言写的文学作品，比尼亚米用米兰语写
成的著作的普及本刚一出版，他马上就去买了来。①

拉法格在这里还记录了很多故事，他对两位马克思主义
开创者语言学习的记录，我认为显示出了二者深厚的语文
学素养，也显示出了他们对语言学有着精深的研究。事实
上，在《德意志人的历史》这篇文章中，恩格斯就花了很大
篇幅来叙述一个民族的语言演变，他通过将德语与欧洲其他
语言的发音进行比较，详细呈现了德语方言的发展进程和相
互区隔，这是一项很专业的语言学研究。在我们读到的马克
思、恩格斯的文学评论中，比方说在对拉萨尔的剧本《弗兰
茨·冯·济金根》及对哈克奈斯的小说《城市姑娘》的回信
中，也能找到他们对作品语言的独到看法，这些看法中有很
大一部分就是对语言形式复杂性的诠释。在马克思、恩格斯
自身的文学创作尤其是诗歌创作中，他们对诗歌语言中的格
律、节奏、体制等规范性的理解都是很有逻辑的。《马克思
恩格斯全集》留存下来一首恩格斯的诗，写于 1839 年，大
约是恩格斯 20 岁的时候，附在他《致威廉·格雷培》这封
信中。这首诗对诸国文学语言的特性作了很精彩的譬喻：

---

① 保尔·拉法格、威廉·李卜克内西：《忆马克思恩格斯》，杨启潾等译，生活·读
书·新知三联书店 1963 年版，第 35 页。

荷马的语言犹如大海的波涛，

埃斯库罗斯把块块岩石从山顶往谷底掷抛，

罗马的语言是强大的恺撒在军前的演说；

他大胆地拿起石头——词汇，层层堆砌，

把许多高楼大厦建造。

古意大利人的年轻语言十分温柔美好，

它把诗人带到南方绚丽多彩的花园。

佩特拉克在那里把鲜花采集，

阿里欧斯托在那里把道路寻找。

啊，西班牙语呀，你听！

劲风在茂密的橡树梢头高傲地呼啸，

从那里向我们传来了阵阵美妙、古老的曲调。

缠绕着树干的根根藤蔓在绿荫中晃晃悠悠。

葡萄牙语是拍击着鲜花盛开的海岸的细浪：

在那儿还听到轻风带走水神的低吟。

法兰克人的语言仿佛是哗哗的小溪湍急地奔流，

永不停歇的流水把顽石磨洗。

古老的英语是一座雄伟的勇士纪念碑，

它经受了雨打风吹，四周野草离离，

暴风雨呼啸哀号，想把它刮倒，却是徒劳。

而德语听起来好似汹涌澎湃的拍岸浪潮，

撞击着彼岸四季如春的珊瑚岛。

那里迸发出荷马的不可遏止的汹涌波涛，

那里埃斯库罗斯手中的巨石激起了回响，

那里你可以看到巍然耸立的高楼大厦，

那里你还能看到芬芳的花园中最名贵的鲜花。

那里绿树成荫，树梢正在和谐地歌唱，

那里水神正在低吟，流水正在把石头磨洗，

那些古代勇士的纪念碑依然耸立，直插云霄。

这就是德语，它永恒不朽，它无比神妙。①

从这首诗中，大家能感受到恩格斯对欧洲语言的体悟和了解，以及对写诗的语言规范的把握，是既诗意化又学理化的。

上述的例子揭示出，语言是我们人类重要的交流工具，是我们人类区别于动物的重要媒介。马克思和恩格斯在《德意志意识形态》里对语言作出一个重要的界定：语言是实践的，属于物质，是人类为了满足交往的需要而形成的一种重要的工具，"语言是一种实践的、既为别人存在并仅仅因此也为我自己而存在的、现实的意识。语言和意识一样，只是由于需要，由于和他人交往的迫切需要才产生的"②。在语言

---

① 《马克思恩格斯全集》第 41 卷，人民出版社 1982 年版，第 488—489 页。
② 《马克思恩格斯全集》第 3 卷，人民出版社 1960 年版，第 34 页。

媒介的基础上，文学则形成了一些自身独特的性质，马克思主义关于文学语言符号的阐释同样立足语言的人类学体系，有它独特的理论基础和阐释方向。在 20 世纪前后，西方马克思主义文艺理论家不断深入研究语言学和符号学问题，积极吸收传统和当代语言学著作的思想，对包括俄国形式主义、英美新批评、法国结构主义在内的理论进行了整合、批判与吸收，既丰富了马克思主义的语言理论，也使人们对文学语言中的符号、形式、结构等重要元素形成新的理解，从而彰显了马克思主义文学理论极为有效的阐释力和影响力。

第二节 :
拉法格的语言意识形态批判 :

拉法格是非常有开创性并系统研究语言问题的马克思主义理论家。有一本中文书是根据 1936 年巴黎国际社会出版社出版的拉法格的《文学批评集》(*Paul Lafargue: Critiques Littéraires*)译介过来的，总标题叫作《革命前后的法国语言——关于现代资产阶级根源的研究》。这本书主要分为三部分，一是"语言和它的环境"，二是"革命前的语言"，三是"革命后的语言"。拉法格指出，语言是和环境连在一起的，它在环境中产生、演变和发展。语言就像植物一样，就像一种活的有机体一样，有其生产过程也有其寿命。语言总是如同吸气和吐气，不断地更新自己的单词词组和语法形式。拉法格进一步提出：

> 语言之所以总是在一种经常改变的情况下活动着，那是因为它是人类社会的最富于自发性，最有特征的产物。互相分离和互相孤立生活的粗野、未开化的小民族，隔了一个时期以后，竟至言语互不

相通，因为他们的方言经受了很大的变化。语言反映人的变化以及人在发展中所依存的环境的变化所发生的影响。人们生活方式的变化，例如从田野生活过渡到城市生活，以及政治生活上的大事件，都在语言上留下印记。政治和社会现象急骤发展的那些民族，很迅速地修改他们的语言；而在缺乏历史大事的民族中，方言土语停滞不变。拉伯雷的法国语在他逝世一个世纪之后，只有文人学士能懂了；可是作为挪威、瑞典和丹麦土语之母语的冰岛语言，却在冰岛几乎保持原状。维各第一个指出大部分词的野蛮的和农村的根源。正和罗马城中的圆形大理石庙宇永久地体现了拉丁乌姆的野蛮人用树枝和泥土搭成的窝棚一样，任何文明语言中的词都保留着原始人林莽生活的痕迹。①

家常的和成语性的词组也许比词更使人清楚地看到一种语言和它周围的生活现象之间的联系。在牛油蜡烛是主要照明方式的时代，蜡烛曾经使诗人们想起许多高贵的比喻。龙萨恭维一位夫人，对她

---

① 　保尔·拉法格：《革命前后的法国语言——关于现代资产阶级根源的研究》，罗大冈译，商务印书馆1964年版，第2页。

说她的"眼睛像一对明烛似的闪闪发亮"。1743 年
出版的特雷伏词典上说"双目奕奕有神者，人谓之
目光如烛"。节省蜡烛头，把戏不值得耗费一支蜡
烛，蜡烛上烧伤，这些家常的用语，自从齿轮灯、
油脂酸的灯烛和煤气灯给我们照明以来，就渐渐消
失了。①

　　拉法格的这一分析对理解我们的古典诗词也是很有启发
的。古典诗词兴盛的年代也是蜡烛的时代，我们也有"何当
共剪西窗烛，却话巴山夜雨时""春蚕到死丝方尽，蜡炬成
灰泪始干"的表达。在拉法格看来，这些表达就是和时代的
照明方式联系在一起的，时代的社会条件和社会关系构成了
这种语言关系。环境和语言具有密切的、有机的关系，它形
成了诗的意象基础，一种语言和其社会环境的关系就像植物
和其气象环境一样。拉法格接着批判说：

　　一般的语言学家不知道或忽视环境的作用；他
们之中许多人在梵文中寻找词的甚至神话故事的根
源。梵文之于语法家，犹如头骨学之于人类学家，

---

① 保尔·拉法格：《革命前后的法国语言——关于现代资产阶级根源的研究》，罗大
冈译，商务印书馆 1964 年版，第 3 页。

是打开一切神秘之门的口诀……在法国，环境学说被一位天才的女子引用到文学批评上。虽然在她的著作《论文学与社会各种建制的关系》中，斯达尔夫人明白地肯定一种新文学的必要性，以便满足被革命造成的社会环境的新需要，但对于语言这个任何文学的工具的改造，她却只顺便提到，而且是为了谴责这种改造。革命摧毁了旧制度以后，不在路易十四朝的文学中有所革新，或继续用那一时代的语言，两者同样是不可能的。研究这种语言革新的性质及其影响，就是本文的目标。①

拉法格这里进一步引到语言的革命、文学的革命和实际政治革命的内在关联上。在第二部分，他开始讨论革命前的语言，认为语言在这一时期形成一种规范性的制度，法兰西院士不断地对语言的革新进行打击。与此同时，贵族则是经常使用他们的专用语，以此凸显他们举止的彬彬有礼。专用语和他们入席吃饭时的礼仪讲究一样，在这种情况下成为一道划分不同等级和阶级的壁垒，语言也由此成为一种具有阶级压迫性的力量。通过使用专用语，贵族显得与众不同。我

---

① 保尔·拉法格:《革命前后的法国语言——关于现代资产阶级根源的研究》，罗大冈译，商务印书馆 1964 年版，第 3—4 页。

们再看拉法格这几段话:

> 使贵族显得与众不同的这种人为的语言,并不
> 是和实行伏拉普克语以前,莱布尼茨发明的国际语
> 一样,完全是杜撰的,它是从资产者和手工匠、城
> 市和乡村所说的通俗语言中提炼出来的。这种同样
> 的骈肢现象已经在拉丁语中发生过:在第二次布尼
> 克战争时期,拉丁语分裂为贵族语(sermo nobuis)
> 和平民语(sermo plebeius)两种语言。[①]

> 在十八世纪,社会重心转移,从凡尔赛搬到巴
> 黎;贵族也许含糊地知道通俗语言的存在,但这种
> 对他们说来是不算数的通俗语言,在那时有了被肯
> 定的机会,它的单词和用语开始闯入文雅的语言,
> 因为有些银行家和富有的市民进入了沙龙和贵族之
> 家,并使这些贵族之家重光门楣。[②]

> 在革命期间,使粗俗风格成为时髦的是贵族的
> 报纸和小册子。至于文人们,他们像龙一样遍身倒

---

① 保尔·拉法格:《革命前后的法国语言——关于现代资产阶级根源的研究》,罗大
冈译,商务印书馆 1964 年版,第 10 页。
② 保尔·拉法格:《革命前后的法国语言——关于现代资产阶级根源的研究》,罗大
冈译,商务印书馆 1964 年版,第 18 页。

竖着鳞甲，那就是语法规则和优良风格的自负感，他们保卫着语言之中的女王，却没有从他们母亲口中学到这种语言，而是从学校里，在书本上和教师戒尺之下学得的。[1]

拉辛在成为浪漫派的责难的对象以前，曾经是朗布埃公馆中最为人讨厌的人物：人们责备他没有充分净化他的语言，说他"用家常的和市民的用语，用卑下的和在地上爬行的词儿"。一个世纪以后，伏尔泰重提这种控诉，算是他自己提出的。[2]

拉法格从语言学和社会学互动的角度勾勒出了法国大革命时期"贵族语言"和"平民语言"的对抗，既从语言用法的转换过程中洞察贵族体制的瓦解进程，又从历史主义的角度揭示人类语言形态的形成规律，体现出富有马克思主义方法论的语言学研究特质。在这本书的第三部分，拉法格从革命后语言平民化的加速前进中再次论证了他最初的论断：

语言在十八世纪已经渐起变化：它失去贵族的

① 保尔·拉法格：《革命前后的法国语言——关于现代资产阶级根源的研究》，罗大冈译，商务印书馆1964年版，第19页。
② 保尔·拉法格：《革命前后的法国语言——关于现代资产阶级根源的研究》，罗大冈译，商务印书馆1964年版，第22页。

礼貌，借以获得资产阶级的民主姿态；有些文学家不顾学院的愤怒，从街道上和市肆中的语言里，开始借来了单词和词组。这种演变势必是逐渐地进行的，如果革命不给它一种加速前进的步调，并且把它带到比当时形势需要所指定的目标更远的地方去。语言的改造和资产阶级的演变是齐头并进的；要寻找语言现象形成的理由，有必要认识和了解社会和政治的现象，语言现象无非是社会和政治现象的结果。[1]

拉法格不仅强调语言是社会现象的产物，他还从贵族用语和通俗用语在流传活力上的差异出发，提出历史制度的进步性。拉法格在第三部分列了一个表格，指出拉丁语的贵族用语随着帝国的灭亡不复存在了，但是它的通俗用语却流传到了意大利语、西班牙语、法语之中。比方说拉丁文学语中的"马"（Equus），这种拼法在后来已经难觅踪影。但是拉丁民间语的"马"（Caballus），却能够在意大利语的"Cavallo"、西班牙语的"Caballo"、法语的"Cheval"中找到相近的结构。由此拉法格认为，真正有活力的语言应该是民众的语言，

---

① 保尔·拉法格：《革命前后的法国语言——关于现代资产阶级根源的研究》，罗大冈译，商务印书馆 1964 年版，第 31 页。

它具有顽强的生命力。而那种纯粹的、古雅的、具有贵族气息的语言却因为逐渐脱离生活的土壤而被历史销毁了。语言的活力总是和社会中普通人的生活联系在一起。拉法格的这些观点发表在 1894 年一、二月份法国的《新时代》杂志上，这是马克思主义文学语言学的第一次系统表述，其中对语言的种种分析，其洞见和细致程度在有些地方并不逊色于新批评。虽然我们说马克思、恩格斯本人也有许多关于语言的思想片段，但把这种思想整合为一种系统研究，我认为拉法格确实称得上首创者，拉法格语言学的核心要义就在于对语言社会性和历史性的强调。

第三节 •
文学语言、话语、形式和意义 •

在 20 世纪，随着俄国形式主义以基于语言学基础的新兴文学思想崛起，文学的语言研究获得了空前的发展。以莫斯科大学为理论发源地的一批学者致力于从语言的科学研究入手，从文学的语言形式中把握文学的意义，不论是什克洛夫斯基对"陌生化"的强调，还是雅各布森对隐喻和转移的修辞理论建构，还是 20 世纪 30 年代的布拉格学派，都为理解文学的语言符号和语言结构带来了积极的价值。在 20 世纪初，马克思主义曾与俄国形式主义针锋相对，但马克思主义者同时也看到了形式主义的实用价值。1923 年，托洛茨基的一本叫《文学与革命》的书出版，里面有一章就专门讨论俄国形式主义的问题。托洛茨基一方面批判指出，俄国形式主义对形式的封闭研究没有看到语言所处的历史关系，"无论形式主义者如何故弄玄虚，他们的整个简单的观念的基础，仍是对进行创造或使用创造出来的东西的那个社会的人的心理统一体的忽视"[①]；一方面又认为"形式主义者的相当一部分探索工作是完全有益的"[②]，主张对形式主义的有益观点进行吸纳。托洛茨基的思考再一次揭示出，马克思主义对语言的关注不仅仅落脚于语言本身，还关注语言的历史性尤其是意识形态性。正是在这个层面上，"话语"（discourse）的议题才能够被提出来。

　　文学的语言是一种话语，这种话语按照雅各布森的说法，具有六大要素：发送者（addresser）、语境（context）、信息（message）、接触（contact）、代码（code）、接受者（addressee）。这六种要素分别涉及六种功能。如果强调发送者，那么就是表现和传达的功能，或者也可以说是情绪的（emotive）功能；如果强调接受者，就是意动（conative）功能，也就是侧重于行动的功能；如果强调语境，那就是指称（referential）的功能；如果强调信息，那就意味着语言的所指被悬置了，这就是诗性（poetic）功能；如果强调接触，那就是交往（phatic）功能；如果强调代码的作用，那就发挥着"元语言"（metalingual）的功能，也就是解释一种语言的功能，比方说辞典。[③] 雅各布森的六要素理论简洁地勾勒出了"话语"的基本属性，这种理解又促进马克思主义文学理论

---

① 托洛茨基：《文学与革命》，刘文飞等译，外国文学出版社 1992 年版，第 159 页。
② 托洛茨基：《文学与革命》，刘文飞等译，外国文学出版社 1992 年版，第 151 页
③ 雅各布森：《语言学与诗学》，载赵毅衡编选：《符号学文学论文集》，百花文艺出版社 2004 年版，第 175—184 页。

的发展。作为 20 世纪最为重要的马克思主义语言学家之一，巴赫金就充分吸收了俄国形式主义的看法，建构起一套具有马克思主义特征的话语分析方法。在《长篇小说的话语》中，他指出现代的长篇小说就是一系列的社会话语的组成，"话语处于他人话语（不管这话语在多大程度上属于他人）中间而含有对话意向——这一点为话语增添了新的重要的艺术潜力，造就了话语的特殊的散文艺术性；而这一散文艺术性最全面最深刻的表现，就在长篇小说中"[①]。哈贝马斯对公共交往领域的思考也涉及对话语的理解，他在 1963 年出版的《公共领域的转型》中尝试在话语的基础上建构一套交往理论。哈贝马斯借用了 17、18 世纪知识分子在咖啡馆讨论小说的例子，认为"虽说不是有了咖啡馆、沙龙和社交聚会，公众观念就一定会产生；但有了它们，公众观念才能称为观念"[②]。在哈贝马斯看来，知识分子在咖啡馆的讨论中自发形成的观点已经不同于私人领域下的独白，而是在公共领域中发挥社会功能的话语。哈贝马斯后来将这一公共领域的范围延伸到政治协商的议题上，在全球形成很大的影响力。哈贝马斯在这本书中提出的根本看法就是通过话语在交往中的协调而形成一种共识，从而建立起理想的共同体，这事实上是一种文

---

① 《巴赫金全集》第 3 卷，白春仁、晓河译，河北教育出版社 1998 年版，第 54 页。
② 哈贝马斯：《公共领域的结构转型》，曹卫东等译，学林出版社 1999 年版，第 41 页。

学交往理论。

　　马克思主义在文学语言问题上讨论较多的维度是意义的维度。按照伊格尔顿的说法，文学理论在 20 世纪发生了一个很重要的转向。在此之前，文学理论很关注文学之于现实的反映关系。无论是关注社会现象的现实主义还是注重情感表现的浪漫主义，无论是再现（represent）还是表现（express），都涉及对一种原初之物的重现逻辑。但是 20 世纪的文学理论乃至文学创作却转向了对意义的关注，尤其是对意义的生成过程和实践过程的关注。对意义的理解，正是符号学的基本问题。按照通常的说法，符号学就是关于符号意义的一门学问。伊格尔顿对意义转向的认识为我们理解马克思主义语言问题打开了新的方向，那就是马克思主义语义学（semantics）的理论形态。意大利有一位马克思主义文艺理论家德拉－沃尔佩，他的研究重心之一就在语义学分析。在波兰，沙夫也集中关注了语言哲学和语义学。1960 年他的一本书出版，叫作《语义学引论》，中译本于 1979 年出版。

　　如何从马克思主义出发来理解意义问题呢？在纯粹的语言学家如索绪尔那里，意义的生成立足于结构之间的关系，是符号与符号之间的差异关系造就了意义的可能性。但在沙夫看来，意义则涉及交往，意义是在具体语境下主体与客体之间的交流中生成的。沙夫指出："每一种情形下我都是在应用某些指号来达到交际的目的（即使心灵的独白，就我们所知，也是一种在伪装形式下的对话），而且在每一种情形下，我都是产生一种指号情境。"① 以此来理解文学作品的意义，那就意味着要从作家所处的具体语境，从读者接受的语境中乃至一种历史的语境出发去解释文学。比如莫言的《红高粱》的意义，就是在当代中国尤其是 20 世纪 80 年代中国人的交往语境中形成的，是交互的结果，而不是莫言一个人在孤立环境中创造出来的。非马克思主义的意义理论主要强调符号结构之间的关系，而没有看到意义生产的社会实践基础。反之，沙夫则要把意义的理解置入交往行为之中，视其为具体交往实践的产物。但是，沙夫也充分采纳了新批评派的研究范式，也就是从定义的精确性出发去对意义进行梳理与划分。这种方法，我认为代表了波兰马克思主义文艺理论的鲜明特色。事实上，不仅沙夫，科拉科夫斯基（Leszek Kolakowski）、莫拉夫斯基（Stefan Morawski）在对美学范畴进行分析时，首要的任务都是对概念的意义进行精确的界定，然后用以分析作品。读到他们这些理论的时候，就能感受到一种科学的严谨性，它与那种印象批评大相径庭。

马克思主义关于文学语言的重要论题是形式论题。形式的问题比语言的问题涉及面更为宽泛，更具有研讨空间，因为形式对应的是内容，而在西方文论史中，形式和内容是热

---

① 沙夫:《语义学引论》, 罗兰、周易合译, 商务印书馆 1979 年版, 第 213 页。

议不绝的命题。在亚里士多德那里，形式和内容的关系就是形式因和质料因的关系。他认为，一种对象只有质料而没有形式，是无法被构建起来的，"若自然物都有自己的构成原因或本原，并且每一个事物的产生都是指的因实体的产生，不是指因偶性的产生，那么每一个事物都是由基础加形式而产生的"。[①] 这就是说，形式因就是一种构建性的力量，但是从唯物主义的角度说，它又必须依赖于物质。所谓"巧妇难为无米之炊"，没有现实的质料，形式构建上的技艺再高超也无法发挥。亚里士多德对形式和内容的关系的探讨在西方文化传统中有奠基意义。后来，黑格尔又对这一问题进行了更辩证的理解。黑格尔的阐释基于一种精神的外化过程，认为历史是由绝对精神和它的对象化形成的。"美是理念的感性显现"，理念就意味着内容，感性显现就是形式建构。这种是具有客观唯心主义的"内容—形式"辩证法。在俄国现实主义那里，形式则成为重中之重的问题。这一学派之所以被称为形式主义，就在于在他们看来，形式是艺术的本质，是艺术作品中主导性的元素，内容反倒显得不重要。形式主义建立起一套文学的形式本体论，关注形式本身作为一个自律领域所发挥出的审美特性。这是康德以来的审美自律论和审美非功利理论在形式基础上的表征。这种审美特性揭示出

---

① 亚里士多德:《物理学》，张竹明译，商务印书馆 1982 年版，第 36 页。

一种区别于现实生活、政治利益、经济基础的独立审美空间，揭示出一种超时间的、具有普遍性的审美法则，使之成为现实的一块飞地，成为唯美的空中楼阁。在历史上，很多知识分子都愿意在这一空中楼阁中徘徊、品鉴甚至陶醉。

然而马克思如何看待形式问题？马克思是以辩证法的立场来切入的。一方面，马克思对形式尤其是文学形式的重要性给予了充分的肯定，认为如果单纯扎根于历史情境和政治实践而没有特殊形式，我们就不能将一种事物称为文学作品。但另一方面，马克思所采取的又不是俄国形式主义的路径，而是认为形式是由内容积淀而成的，或者说形式是社会内容和社会现实的凝聚物。马克思主义者对形式和社会现实的关系给出了充足的说明，卢卡奇在这方面称得上杰出者。卢卡奇直到晚年都关心形式的问题，他认为关注形式就意味着关注作品本身。越是沉醉到一部作品之中，就越会对其形式偏爱有加。但是在德语的语境中，形式通常又和生命（Leben）联系在一起。卢卡奇早年有一本叫《心灵与形式》的书，一方面讲到精神和生命价值的普遍性意义问题，另一方面则涉及这种心灵意义的外在化和感性化呈现，后者也就是形式。《心灵与形式》指出："批评家是那种从形式中瞥见命运的人：他最深沉的体验就是形式间接地且不知不觉地将自身隐藏于其中的心灵—内容。形式是他伟大的经验，形式——作为直接的现实——是表象的元素，是作品中真正鲜活的内容。这种从对生命—符号的符号沉思中涌现而出的形式，通过这种体验的力量获得了它自身的生命。"[1] 在卢卡奇看来，在古希腊的田园牧歌式的生活中，心灵与形式是有机地结合在一起的，构成一种自然的总体。以前的我们经常说，我们的生命是和我们走过的路、看过的星空羁绊在一起的。我们在农村中每天和田地、草木与动物打交道并习以为常，我们心中所想和我们身处的自然形式天然地处于应合关系中。但是在现代社会，这种有机关系被撕裂了，心灵变得抽象而孤独，而形式则变得陌生，心灵与形式处于一种扭曲的、隔离的、相互误解的关系之中，于是浪漫派的诗人开始表达忧郁、孤独、迷茫、痛苦、焦虑、虚无，这是因为"生活的实际真实从他们的眼前消逝，并被另外一种真实所取代，即诗的真实，纯粹心灵的真实"[2]。卢卡奇借此从心灵与形式的不协调出发展开了他对现代性的批判。在晚年的时候，卢卡奇在《审美特性》中也关心形式，尤其是抽象形式，比如节奏、比例、纹饰等。在晚年的卢卡奇看来，即使是抽象的形式也有着其社会历史的积淀，"抽象形式也是客观现实的反映方式"[3]。抽象形式是在社会历史发展过程中被抽离出来成为一种装饰性符

---

[1]　György Lukács, *Soul and Form*, trans., Anna Bostock, Cambridge, Massachusetts: The MIT Press, 1974, p. 8.

[2]　György Lukács, *Soul and Form*, trans., Anna Bostock, Cambridge, Massachusetts: The MIT Press, 1974, p. 50.

[3]　卢卡契:《审美特性》第 1 卷，徐恒醇译，中国社会科学出版社 1986 年版，第294 页。

号的，而非罔顾经济基础和阶层条件的超然之物。按照这种说法，我们可以看到，像 LV 品牌的奢侈感，也是在特定的消费机制和营销语境中被烘托出来的偶像性符号。苹果手机的那被咬了一口的苹果的 logo，从创作到销售都是一种美国意识形态的建构。如此看来，在马克思主义这里，并不存在纯粹抽象的符号与永恒不变的人类法则，符号和形式都是历史语境下的结果。

第四节 ·
文学的结构 ·

　　文学的语言符号问题涉及文学的叙事结构问题。作为一种对象性的存在，不论是短篇幅的诗歌，还是长篇小说，文学总是包含着一种结构形态。如何理解文学作品的结构，是许多文学理论家普遍关心的问题。亚里士多德的《诗学》是较早讨论叙事结构的著作，尤其是悲剧的结构。在他那里，悲剧的情节，就是事件的构造安排，就是一种结构的表达，具有组织性和整一性。亚里士多德指出："情节既然是行动的模仿，它所模仿的就只限于一个完整的行动，里面的事件要有紧密的组织，任何部分一经挪动或删削，就会使整体松动脱节。"[①] 这一说法为叙事学奠定了一种解释基础，研究叙事就是研究事件的结构状态及其在时间中的演进。

　　马克思主义文学理论对文学的叙事结构进行了非常独特且深入的研究，涌现了许多重要成果。卢卡奇在 20 世纪 30

---

① 　亚里斯多德、贺拉斯：《诗学·诗艺》，罗念生、杨周翰译，人民文学出版社 1962 年版，第 28 页。

年代有一篇很有代表性的文章,叫《叙述与描写》。他在这篇文章中比较了托尔斯泰的《安娜·卡列尼娜》和左拉的《娜娜》如何呈现赛马的场景,指出托尔斯泰笔下的赛马场景是安娜在观看她意中人赛马时的戏剧事件,采取了参与者的视角,而左拉是以很精细、客观的方式复现了赛马从幕后到马场的种种细节,采取了旁观者的视角。在卢卡奇看来,托尔斯泰是在叙述,而左拉是在描写,这是两种不同的事件呈现方式。卢卡奇更看重托尔斯泰的叙述,认为叙述体现了一种将零碎事件缀连成总体意义的过程,而托尔斯泰的伟大才华就在于此:"托尔斯泰却尽可能紧密地把这段插曲同重大的人生戏剧联系起来。赛马从一方面说诚然不过是爆发一场冲突的近因,但是这个近因由于它同渥伦斯奇的社会野心——后来的悲剧的重要组成部分——相联系,绝不是一个偶然的近因。"[①] 叙述的表达呈现出总体性真理的构建,揭示出实践的内在必然性,从中我们可以很好地把握人物的内在世界及其真实命运,这是具有伟大现实主义特点的创作。而描写往往是复现对象的共时性特点,是碎片性的拼贴,在描写面前,"这些偶然事件对于读者就变成一幅图画,或者不如说,是一批图画。我们在观察这些图画"[②]。

---

① 卢卡契:《卢卡契文学论文集》(一),中国社会科学出版社 1980 年版,第 41 页。
② 卢卡契:《卢卡契文学论文集》(一),中国社会科学出版社 1980 年版,第 44 页。

　　当然，描写本身也有吸引人的地方。在文学作品中，生动、细腻且形象的描写，比如说某人的脸泛着微红的光晕、某人的头发在风中飘荡，同样使我们感到愉悦与惊讶，给我们带来审美的享受。只是，纯粹的描写并没有展现出一种把碎片连接成有机整体的内在力量，不能从"微红的光晕"中透视人物的内在性格，只是一种自然背景式的交代。叙述则不同，它首要地关注人在时间中的行为变化，而人的性格往往就在行动中昭然若揭。卢卡奇认为，叙述体现出"真正的艺术"这样的特征，"真正的艺术"就是现实主义的文学。而左拉从生理状态与客观自然出发进行文学表达，代表的是自然主义的文学，在卢卡奇看来又是纯粹形式主义的文学，在这些文学作品中，"没有人的基本特征的显现，没有人和外在世界的事件、和事物、和自然力、和社会设施的相互关系，最惊险的事件都是空洞的，没有内容的"[①]。卢卡奇同时还认为，20 世纪的现代主义小说也具有这种形式主义的特征，比方说乔伊斯的意识流小说，其呈现的事件状态也是碎片化、意象化、片段化的，彼此之间没有必然的理性联系。乔伊斯的小说尽管光怪陆离而富于新奇之处，但它没有展现出卢卡奇意义上的总体性真理，与俄国形式主义的思想具有亲缘性。可以看到，卢卡奇在《叙述与描写》中着重突出的就是叙事

---

① 卢卡契:《卢卡契文学论文集》（一），中国社会科学出版社 1980 年版，第 53 页。

中的总体性结构。

在马克思主义文学理论中，结构主义思想真正成为其有机组成部分还要得益于阿尔都塞学派的贡献。阿尔都塞曾经带领一群理论家对马克思的《资本论》进行反复细读和研讨，从中提炼出具有结构主义特征的阅读理念，进而演变为一种文学批评的理论。在阿尔都塞看来，马克思主义体现出两种阅读方式，第一种是《巴黎手稿》里面呈现出的阅读方式，可称为"天真的阅读"（innocent reading）。所谓"天真的阅读"，就是看到文本语言直接表达的内容，按照这种阅读逻辑，"看的存在和目光敏锐地看就会说明被看到的东西：全部被看出的认识"[①]。这就像我们以前读诗，"关关雎鸠，在河之洲，窈窕淑女，君子好逑"，"关关"对应两种鸟的叫声，"河之洲"对应水中的陆地，"淑女"对应闺中贤惠的姑娘，我们可以很清晰地从字面上理解诗的意思。在阿尔都塞看来，这种天真的阅读直接关注对象本身，有一种神话式的特点在里面，也可以视作一种意识形态的阅读。

而在成熟时期，马克思主义则体现出另外一种对立的阅读方式，可称为"症候式阅读"（symptomatic reading）。所谓"症候式阅读"就是一种结构主义的阅读方式，主张读出文本

---

① 阿尔都塞、巴里巴尔：《读〈资本论〉》，李其庆、冯文光译，中央编译出版社2001年版，第9页。

中不在场的意义，读出文本中没有说出来的话。阿尔都塞认为，文本中说出来的、凸显出来的东西仅是一种症候，在缺失的、沉默的、无语的地带，反而更可能潜藏着难言的真相。他指出："看不见的东西由看得见的东西规定为它的看不见的东西，规定为它的被看所排斥的东西。因此，用空间比喻的话来说，看不见的东西不是简单地处在看得见的东西之外的东西，不是排斥物的外在的黑暗，而恰恰是看得见的东西本身固有的排斥物的内在黑暗，因为排斥物是由看得见的东西的结构决定的。"[①] 概括来说，"症候式阅读"把我们的阅读视为一个结构性的框架，主张我们去破译结构中更为隐秘的构成元素，看到结构的复杂性。这有点像我们去照 X 射线、做 CT 检查，通过这些方式，我们能发现身体的结构暗面中的即时状态，对身体了解得更为准确。以这种逻辑去分析一句话，我们所看到的就很可能不再是表面的意思。比如"轻轻地我走了，正如我轻轻地来"，表面上看也能呈现出自洽的结构链条，但事实上每个词语都联系着一种处于深处的、没有写在纸上的情绪，或者联系着某种"互文性"（intertextuality）的结构。如此一来，"症候式阅读"相当于把文本的阐释结构变得多元化了，而事实上，阿尔都塞结构主义的突出贡献

[①]　阿尔都塞、巴里巴尔：《读〈资本论〉》，李其庆、冯文光译，中央编译出版社 2001 年版，第 19 页。

就在于对这种"多元决定"（over-determination）的发现。当然，"多元决定"既是结构主义的产物，也在某种程度上指示了后结构主义的倾向，因为"多元决定"包含了对不确定性因素的关注。在阿尔都塞看来，马克思的《资本论》体现的就是"症候式阅读"的方式，这超越了其《巴黎手稿》时期的天真幼稚的阅读理论。《巴黎手稿》时期的马克思仍然具有意识形态倾向甚至唯心主义特质，而《资本论》时期的马克思主义则形成了一种新的范式，从意识形态批评走向了科学的批评。所谓科学的批评，就是突破意识形态的虚假性，甚至突破人道主义的范式，看到处于隐晦维度的真实内容，这种结构主义的范式为文学提供了极为新颖的理论方法。

马歇雷的文学生产理论深刻地受到阿尔都塞结构主义马克思主义的影响，甚至可以说延续了阿尔都塞的这种批评科学，比较出色地建构了新的文学科学，这种科学用以思考文学文本如何被生产出来。在马歇雷和巴利巴尔发表于1974年的《论作为一种观念形式的文学》中，他认为，文学是一种意识形态的形式，这种形式可以被视为意识形态通过一种结构形态呈现出的结果。文学与历史"处于一种复杂缠结的关系之中，这是文学这种东西得以存在的历史条件。在普遍的意义上，这种内在关系导致把文学定义为一种观念形式的东西"①。这一观点在伊格尔顿的《批评与意识形态》中有所发展。伊格尔顿从结构主义的角度对文学文本的生产进行了描述。在谈到文学创作时，我们一般会认为，文学文本都是作家灵感的造物。诗人受到外物的激发，有了灵感，随性而发，一挥而就，文学作品也就应势而生，正如《乐书》中说："人心之动，物使之然也。感于物而动，故形于声。"这种文学创作论通常被称为"物感说"。但在伊格尔顿看来，文本的生产则涉及一个非常复杂的结构系统，是一个时代的普遍生产条件下的产物，反映着属于时代的审美趣味和情感结构。这里的生产条件，包括生产力、生产关系、占据社会主导地位的意识形态。尤其是意识形态，几乎对每个环节都发挥着作用，我们之前提到的朱元璋时期株连九族的故事，甚至先锋派的艺术作品，都有着政治意识形态的力量渗透。伊格尔顿指出，事实上有一种客观的结构力量推动着文学文本的生产。文本是一种结构的动态呈现，它绝不完全取决于作家的灵感，而"批评的任务就是分析文本结构生产中复杂的历史表达"②。从伊格尔顿的说法中，我们可以看到马克思主义通常是拒绝对结构进行静态阐释的。在一般的结构主义理论中，结构总会被视为封闭的独立系统，而马克思主义则始终在历

---

① 巴利巴尔、马歇雷：《论作为一种观念形式的文学》，载马尔赫恩编：《当代马克思主义文学批评》，刘象愚等译，北京大学出版社 2002 年版，第 44 页。
② Terry Eagleton, *Criticism and Ideology: A Study in Marxist Literary Theory*, London: Verso Books, 2006, pp. 44-45.

史的动态演化中去理解结构的生成。鲍曼的文化研究很好地遵循了这一点。他认为，文化是一种具有结构化状态的实践活动，这种结构化状态来源于我们内在需求与外部世界的交换过程，后者随着历史实践的变化而动态演进。

把阿尔都塞的结构主义运用到文学批评中的重要批评家还有詹姆逊。在《政治无意识》中，詹姆逊不只借鉴了结构主义的观点，还把它与弗洛伊德的无意识理论进行深度结合。在他看来，文学具有一个无意识的结构系统，是结构化地组建起来的无意识权力。文学与政治之间构成一种无意识的关系，政治无意识地通过叙述来发挥其威力。我们叙述的不是简单的符号行为，而是无意识的社会政治意义的施展。詹姆逊指出："我们对历史和现实本身的接触必然要通过它的事先文本化（textualization），即它在政治无意识中的叙事化（narrativization）。"[①] 同时，这种叙事并不把历史看作"新的再现或'想象'、新的内容，而是阿尔都塞追随斯宾诺莎所称的'缺场的原因'的形式结果"[②]。立足于这套分析模式，詹姆逊曾经写过一篇文章评论《聊斋志异》中的《鸲鹆》，把《鸲鹆》中主人与八哥的故事置放到格雷马斯的结构矩阵中进行精神分析的阐释。在《鸲鹆》这个故事中，主人与八哥

---

① 詹姆逊：《政治无意识：作为社会象征行为的叙事》，王逢振、陈永国译，中国社会科学出版社 1999 年版，第 26 页。
② 詹姆逊：《政治无意识：作为社会象征行为的叙事》，王逢振、陈永国译，中国社会科学出版社 1999 年版，第 89 页。

的关系非常好，惺惺相惜且形影不离。一次，主人感到肚子饿了，却苦于没有盘缠买食物。八哥就说，不如把我卖出去。主人不舍得，八哥又说，你先把我卖出去，并在城外等我。主人照办了，把八哥拿到市场上去卖。由于八哥能学人说话，有位有权有势的王相中了它，用十两银子买下了八哥。八哥到了富豪的家中，立马就要求洗澡，刚洗完羽毛还没晾干，就飞走了。富豪四处寻找都找不到，后来才发现八哥又与主人在一起了。《鸲鹆》的情节并不复杂，但是杰姆逊以八哥为切入点思考自然与文化的关系、人与金钱的关系、人和非人的关系是如何被建构起来的。他认为八哥的移动轨迹以及围绕八哥而展开的种种关系都是文化政治的无意识结构化，指出《鸲鹆》"是一个寓言，说明怎样利用高度发达的文化的武器来返回自然或自然的文化，这个过程可以说是从一个自然的文化出发，来到一个不自然的文化，然后通过放弃自然，让自己被囚禁以获得自由，以获得重返自然的机会"[1]。

詹姆逊的著作不仅借用弗洛伊德的理论，还借用了拉康的创见。通过齐泽克的著作，我们知道拉康的理论本身就展现出结构主义与精神分析学的结合。事实上，齐泽克的《意识形态的崇高客体》也是符号学结构主义和马克思意识形态

---

[1]　杰姆逊（詹姆逊）：《后现代主义与文化理论——杰姆逊教授讲演录》，唐小兵译，陕西师范大学出版社 1986 年版，第 112 页。

理论结合的代表。齐泽克在这本书中将拉康的语言结构理论运用到对各种大众文化，尤其是对电影的分析中去，指出大众文化的迷人之处就在于其体现出拉康所谓的虚像，后者具有意识形态的崇高客体的效力，驱使我们进行偶像性崇拜。在齐泽克看来，"意识形态不是供我们逃避残酷现实的梦一般的幻觉。就其基本维度而言，它是用来支撑我们的'现实'的幻象—建构（fantasy-construction）：它是'幻觉'，用来结构我们有效、真实的社会关系"①。这就是说，意识形态的崇高客体是被结构化地建构起来的，用以弥合一种原生的主体创伤，但在崇高客体的背后，我们却永远找不到拉康所谓的"实在界"，我们总是处于幻想的结构之中。

在马克思主义对结构主义的批判借鉴中，"审美意识形态"可以说是十分经典的一项命题。审美意识形态所说的就是形式结构和权力话语同一性的问题。从俄国形式主义的角度看，形式结构总是涉及审美自律，具有独立的稳定性。但在伊格尔顿的审美意识形态论中，任何叙述的结构、情节的组织都是意识形态的表征。这并不是说形式是表达意识形态观念的中介或工具，而是说形式本身就是意识形态，它发挥着意识形态的效力。伊格尔顿在导言中精练地指出："美学著

---

① 齐泽克:《意识形态的崇高客体》，季广茂译，中央编译出版社 2017 年版，第 50 页。

作的现代观念的建构与现代阶级社会占统治地位的意识形态的各种形式的建构、与适合于那种社会秩序的人类主体性的新形式都是密不可分的。"① 从这种观点来看，所谓"为艺术而艺术"的观点是不正确的，不存在一种孤立的审美享受，也不存在纯艺术的说法，因为艺术本身就是意识形态结构的有机部分，"为艺术而艺术"就是资本主义现代社会及其权力机制下的产物，是资本主义市场经济下商品价值独立性的同构表述。卢卡奇的追随者戈德曼曾经提出"发生学结构主义"的观点，指出："人类行为的结果存在于精确而具体的、并在其特定的结构中改变的环境之中。通过这样的方法，他们创造了新的结构。"② 从这种发生学入手，戈德曼认为从18世纪到当代，小说的发展和现代社会的发展在结构上是同构的，文学形式总是脱不开社会学的范畴，总是与社会事件的发生具有关联性。他在《小说社会学与发生结构主义》这篇文章中指出："自然，这是就蜕变的本质在每一个具体的分析中被特殊化为条件而言的……从发生学的观点来看，可能首先是这种蜕变导致产生了作为文学式样的小说，小说自身作为蜕变的其他被产生出来的形式的结果而出现。"③

---

① 伊格尔顿:《美学意识形态》，王杰等译，广西师范大学出版社1997年版，第3页。
② 戈德曼:《文学社会学方法论》，段毅、牛宏宝译，工人出版社1989年版，第56页。
③ 戈德曼:《文学社会学方法论》，段毅、牛宏宝译，工人出版社1989年版，第203页。

总的来说，从马克思主义的立场来看文学结构，就是把结构看成一种历史性的、政治性的、具有意识形态性的结构模式，这种观点不同于纯粹语言符号学的研究。纯粹的语言符号学研究普遍从共时性角度去理解文学的结构的机制，而马克思主义则将其视为历史实践及其动态力量促生的过程。马克思主义不仅吸纳形式主义和结构主义的思想，还从历史的角度解释了结构主义的出现原因。如伊格尔顿就分析说，俄国形式主义之所以要追求陌生化的语言形式，是因为在现代社会，用日常语言来进行创作已经基本不可能，因为日常语言已被现代性的异化机制所玷污。如此，形式主义不得不力求恢复一种健康的、纯粹的语言来抵御日常语言的恶化，在这个意义上说，俄国形式主义的出现也预示着某种对资本主义日常语言制度的反抗。

研讨专题

1. 马克思主义对文学语言形式的理解与形式主义有何不同？

2. 文学语言是同步于历史还是超越于历史？

3. 文学形式与社会意识形态处于何种关系之中？

4. 如何从马克思主义角度理解文本结构及其症候？

拓展研读

1.赵毅衡编选:《符号学文学论文集》,百花文艺出版社2004年版。

2.保尔·拉法格:《革命前后的法国语言——关于现代资产阶级根源的研究》,罗大冈译,商务印书馆1964年版。

3.保尔·拉法格、威廉·李卜克内西:《忆马克思恩格斯》,杨启潾等译,生活·读书·新知三联书店1963年版。

4.沙夫:《语义学引论》,罗兰、周易合译,商务印书馆1979年版。

5.巴尔特:《符号学原理》,李幼蒸译,中国人民大学出版社2008年版。

6.波利亚科夫编:《结构—符号学文艺学——方法论体系和论争》,佟景韩译,文化艺术出版社1994年版。

第五章
/Chapter 5/

文体理论

• • • • • • • •

　　乔纳森·卡勒在 2009 年发表在《新文学史》上的《抒情、历史与文体》（"Lyric, History and Genre"）中指出："文体研究不仅是接触文学或者社会制度或者社会实践的另外一种方式，它还分析我们获得和积累知识的程序。"[①] 卡勒进一步认为，文体问题是文学创作和文学接受的基础。文体问题是文学研究的关键问题，它涉及文学是什么、文学在历史中如何发展。只有在文体的意义上，文学的历史才可以真正地苏醒。马克思主义文体理论（Marxist Genre Theory）[②] 无疑发挥着重要的作用。

[①]　Jonathan Culler, "Lyric, History, and Genre", *New Literary History*, 2009, Vol.40, No.4, pp. 879-899.

[②]　Georg Lukács, *The Historical Novel*, trans., Hannah Mitchell and Stanley Mitchell, Lincoln: University of Nebraska Press, 1983, p. 51.

在西方语境中，"文体"（genre）一词是一个源自法语的词汇。对于这个词，国内有许多不同的译法，有的翻译为"文类"，而我认为译为"文体"更合适，主要的理由在于两点。

首先，不论是古代文学还是现当代文学，中国学者对中国文学文体的思考都很重视，有着悠久的学术传统。当代研究中国古代文体学最有代表性的学者多使用"文体"这个概念。"文体"在中国文学的语境中有丰厚的思想资源和可阐释的理论空间。

其次，有两位重要的汉学家在其研究中都在"文体"与"genre"之间搭建起关系来。第一位是匈牙利的德盖伊（Ferenc Tökei）。他在 20 世纪 60 年代写了一本书，《中国三世纪到六世纪的文体理论》（*Genre Theory in China in the 3rd-6th Centuries*），同时有英文版和匈牙利文版，以刘勰的《文心雕龙》为代表研究了魏晋南北朝时期的文体理论，把《文心雕龙》中的汉字"文体"同英语的"genre"对应起来。刘勰的《文心雕龙》颇为重视文体。在刘勰看来，文体是一种制度性的存在，每种文体都形成一系列的规范与规则，不仅创作要遵守，阅读也要遵守。《文心雕龙》作为中国文论的代表著作，反映出中国的古代文学非常强调制度化的构建，从这一意义上说，刘勰的文体理论也隐含了一些和马克思主义文学理论相同的元素，因为他看到了构建文体的社会历史基础。第二位是美国的海陶玮（James Hightower）。他在1957年发表了一篇论文，《〈文选〉与文体理论》（*The Wen Hsüan and Genre Theory*），也是将《昭明文选》的文体概念和"genre"联系在一起，探讨了赋与诗的类型。[①] 这两位西方汉学家在研究中国古代文体学时不约而同地使用了"genre"的译法，在两者间建立连通性关系。所以我认为，用"文体"来翻译"genre"更能够激发其与中国文学传统的关联。同时，德盖伊又是一个受卢卡奇影响的马克思主义文学理论家，某种程度上说，他是以卢卡奇的文体理论模型来反思中国魏晋南北朝时期的文体思想的，因此本章使用"马克思主义文体理论"这一表述。

文体到底是什么呢？通常地说文体是文学的体裁。它指明了文学的整体性的存在方式及其结构特征。文体是由一系列形式和内容所建构起来的具有普遍性意义的一种文学制度

---

① James R. Hightower, "The Wen Hsüan and Genre Theory", *Harvard Journal of Asiatic Studies*, 1957, Vol.20, No.3/4, pp. 512-533.

性的定位。文学世界纷繁复杂，在人类的发展过程中，鉴于不同的语言、习俗、阶级，每部作品都呈现为个体化的、特殊化的存在。但文学在其发展过程中，又会涌现出一些普遍性的存在样式，同类的实践活动造就了一类稳定的文学形态，比方说书信。文体包含了这种文学特殊性和普遍性之间的复杂关系。对这种复杂关系的理解和诠释，就是文体的理论。

在讨论马克思主义的文体理论之前，先来读一首马克思写给燕妮的诗，题目叫《毒液》：

我捧起你的手，
只吻那么一会儿——
就像有无数的恶魔
蓦地把我的心撕碎。

毒液从你甜蜜的手，
马上注满了我的心胸，
原来多么幸福的目光，
充满了辛酸和悲痛。

我不要从前那样的生活，
亲爱的美人儿，你要了解。
倘若你给了我些微的毒液，

就请把我的灵魂和生命掏去。

只有你那甜蜜的毒液，

才能医治好我的创伤，

你害得我快要死了，

快快来呀！我的恋人。①

　　这是马克思写的一首抒情短诗。这首诗以"毒液"来表达爱情的复杂心理，读起来有点像读波德莱尔诗歌的感觉。马克思还写过很多其他的诗歌，其中有一首诗题为《幻影》，他在自注中标明"叙事诗"。还有一些诗标上了"讽刺诗""谜语"等。从这些碎片化的标注中，可以感受到马克思对文体的自觉意识。在我看来，马克思主义对文体的重视，从他的诗歌创作中可以找到端倪。

　　马克思对文体制度性的感知是敏锐的。他的书信、辩论文、散文、手稿、人类学笔记、宣言和哲学著作展现出了不同的风格特质和写作技巧。马克思在《关于费尔巴哈的提纲》中采用箴言式的写作方式讨论人的本质，写下了十一条凝练的论题，这就是一个有意识地建立文体规范的过程。马克思本人不仅对文体进行了非常多元化的实践，留下了诸多文体

---

① 《马克思恩格斯全集》第 40 卷，人民出版社 1982 年版，第 444 页。

类型，还对这些文体类型进行了有意识的思考与反思。这种反思主要体现在对诗歌和戏剧的研究上，尤其是对莎士比亚和拉萨尔戏剧的研究。当然，马克思也很重视新兴的小说，对巴尔扎克的小说给出了很高的评价。在 1857 年的《政治经济学批判导论》中，马克思不仅谈到古代的史诗，还从社会生产力的角度解释了史诗在古希腊的兴盛及随后的消亡。马克思提道："（希腊）艺术对我们所产生的魅力，同它在其中生长的那个不发达的社会阶段并不矛盾。它倒是这个社会阶段的结果，并且是同它在其中产生而且只能在其中产生的那些未成熟的社会条件永远不能复返这一点分不开的。"[①] 史诗的出现立足于古希腊生产力水平低下的状况，正是依赖于蒙昧的神话思维，荷马的史诗才体现了人类"正常的儿童"的状态。然而随着现代科技的发展，雷神已经被避雷针所替代，神话的思维方式及其附带的文体也就不复存在了。马克思提出了一个文体历史发展的规律性问题，他看到了文体与历史的相互关系，但是也注意到文体演变与历史演变的不同步性，也就是艺术发展和社会发展的不平衡关系。这同时也抛出一个有意思的点，那就是为什么在历史条件几经变化后，还有人反复地阅读《荷马史诗》并将其奉为经典，我认为这就涉及文体超越历史的普遍性特质。

---

① 《马克思恩格斯全集》第 12 卷，人民出版社 1962 年版，第 762 页。

第二节 •
文体社会学 •

　　马克思主义者针对文体问题提出了一系列原创的观点。卢卡奇是马克思主义文体理论成就最卓越的理论家。他有意识地提出了马克思主义的文体理论，并进行一系列的系统建构，分散于《小说理论》《心灵与形式》《现代戏剧发展史》《审美特性》等著作中，在现代马克思主义者中，没有哪个人比他的成绩更突出。大家去读《审美特性》的德文版，可以进一步地感受到"文体"在卢卡奇视域中的原意。在他那里，"文体"不仅仅指文学的文体，也泛指艺术领域中的各种艺术分类，因此，中文版将其译为"艺术门类"。卢卡奇对"文体"的使用和黑格尔在《美学》中谈到的关于建筑、雕塑、绘画、音乐、诗的艺术分类是一脉相承的。不但如此，卢卡奇还将这些类别扩展到电影与园林艺术。甚至在卢卡奇的学生赫勒那里，"文体"涉及的范围更广，哲学的写作也可以包含进去。与此同时，从卢卡奇的视角出发，马克思主义对文体的研究不应该完全局限在文学的范畴内，将其视为单纯的文学制度，还要从人类实践的角度将其定位为一种普遍的存在方式或形态。如本雅明对电影和波德莱尔诗歌的理解、阿多诺对勋伯格先锋派音乐的理解、詹姆逊对后现代电影的理解，都是以一种新型存在的方式去定位特定的文体。一种文体就是一种普遍的、整体的存在状态。文体不仅呈现形式，也涉及社会内容。当然，以语言学和符号学为基本论域的理论家从形式本身出发，也对文体做出了翔实的阐释。比如雅各布森，就以"隐喻"（metaphor）和"转喻"（metonymy）两种技巧来区分诗与散文。认为"隐喻"依据相似的内在关系，构成了诗的符号特质；"转喻"依靠邻接的外在关系，构成了散文的引述特质。[①]这是将语言形式视为文体决定性因素的典型做法。马克思主义的文体理论与这种以符号修辞为尺度定位文体的做法有很大差别，前者更具有整体性和系统性。

当今，很多理论家对传统的文体概念提出了挑战，有的认为文体研究已经过时、没有意义，有的直接宣称"文体之死""文体的式微"，主张以先锋主义的态度挑战文体约束。这些观点看到了文体之为一种实践的制度。不但在西方，在中国，新文学的发生也包括了文体的革命。比如梁启超的《论小说与群治之关系》，认为小说"有不可思议之力支配人

---

① Roman Jakobson, *Selected Writings II*: *Word and Language*. Hague: Mouton, 1971, p. 232, p. 259.

道"，乃文学之最上乘，能够兴国兴民，因此主张对传统的诗文这些"文学正宗"进行颠覆。[①] 之后，胡适的《尝试集》、鲁迅的《狂人日记》，都对传统文学的规范发起了猛烈的挑战，这些实践都证实文体革命所具有的政治意义。马克思主义对文体的理解，恰恰深入问题所具有的社会政治意涵。在马克思主义看来，文体是一种历史性的生产，一种文体是在社会发展的过程中被建构、发展和淘汰的。从这种角度来看，文体就不意味着个人的独创，也不意味着是神授之物。我之所以认为刘勰的《文心雕龙》具有马克思主义的一些元素，就在于他从中国历史的发展出发去定位文体，看到了文体符合特定社会体制、社会要求的地方，看到了文体事实上根植于历史社会的具体语境中，是社会实践所塑造的规范性、合法性存在。比方说檄文，就是夏、商、周三朝频繁打仗的产物，是军队鼓舞士气时用到的行文形式。刘勰在《文心雕龙》中对此进行了详细的说明："震雷始于曜电，出师先乎威声。故观电而惧雷壮，听声而惧兵威。兵先乎声，其来已久。昔有虞始戒于国，夏后初誓于军，殷誓军门之外，周将交刃而誓之。故知帝世戒兵，三王誓师，宣训我众，未及敌人也。至周穆西征，祭公谋父称'古有威让之令，令有文告之辞'，

---

① 梁启超:《论小说与群治之关系》,《新小说》1902 年第 1 期。

即橛之本源也。"[1] 不止如此，刘勰的文体研究也关注一种文体在特定社会环境下发挥的功能，以及文体在群众中的接受效果，还关注一种文体制度在历史中的经典化过程，这相当于将文体制度和历史制度统一了起来。

卢卡奇在 1912 年的《小说理论》中谈到长篇小说，也重视长篇小说之为历史性存在的向度。有人说卢卡奇 1923 年才转向成为马克思主义者，在此之前都是非马克思主义者，我认为不妥。事实上，卢卡奇在青年时期尤其是中学阶段就读了马克思的作品，他早期的著作中，也体现了马克思主义的概念分析方式，强调社会和经济的作用。他在分析长篇小说这种文体时，采取的理论框架是历史哲学。在《小说理论》中，你会不断地看到"历史哲学"这个概念，当然人们可以说，卢卡奇对历史哲学的引述可能受到黑格尔的影响。但大家都知道，马克思之所以充分看重黑格尔，是因为黑格尔著作中包含了许多历史唯物主义的因素，不能一提到历史哲学，就将其视为唯心主义的构造。从历史的层面看，卢卡奇看到了现代长篇小说事实上是和资本主义社会的形成与发展，和资本主义的社会结构及人的总体命运、日常生活紧密联系在一起的，这突出表现为长篇小说对个体冒险的关注。卢卡奇指出："小说是内心自身价值的冒险活动形式；小说的内容是

---

[1]　刘勰著，范文澜注:《文心雕龙注》，人民文学出版社 1958 年版，第 377 页。

由此出发去认识自己的心灵故事，这种心灵去寻找冒险活动，借助冒险活动去经受考验，借此证明自己找到了自己的全部本质。"[1] 在他看来，笛福的《鲁滨孙漂流记》，塞万提斯的《堂吉诃德》，福楼拜的《情感教育》《包法利夫人》，歌德的《少年维特之烦恼》，巴尔扎克的《高老头》《人间喜剧》，都涉及对个体的冒险生活和其命运趋势的关注。与此同时，这些长篇小说描绘的冒险经历充满着现代社会的偶然性特征，即便小说主人公的冒险目的非常清晰，但是过程中的统一性是不能确保的，"小说创作就是把异质的和离散的一些成分奇特地融合成一种一再被宣布废除的有机关系"[2]。可能某位主人公想要混入上流社会，但是第一步就碰壁了，在随后的人生里都随波逐流，在黯淡中此起彼伏，找不到方向。现代长篇小说突出地表现出对这种偶然事件的关切："小说是成熟男性的形式：它的安魂曲（Trostgesang）从预知的洞见中唱响起来，失去意义的萌芽和足迹随处可见；敌手像本质的骑士一样来自同一个失落家园；所以，生活必定会失去意义的内在性，随之，这种内在性就处处同样地当下在场。"[3] 正是在这一点上，卢卡奇认为长篇小说很难达到总体性真理的高

---

[1]　卢卡奇:《小说理论：试从历史哲学论伟大史诗的诸形式》，燕宏远、李怀涛译，商务印书馆 2018 年版，第 80—81 页。
[2]　卢卡奇:《小说理论：试从历史哲学论伟大史诗的诸形式》，燕宏远、李怀涛译，商务印书馆 2018 年版，第 75 页。
[3]　卢卡奇:《小说理论：试从历史哲学论伟大史诗的诸形式》，燕宏远、李怀涛译，商务印书馆 2018 年版，第 114 页。

度，每篇小说所代表的都是作者的意愿，都是一连串偶然事件的缀联，这深深根植于现代社会的矛盾性、悖论性和悲剧性。而在卢卡奇看来，古希腊的史诗则是人和社会处于有机关系时的产物。

卢卡奇从社会历史维度审视长篇小说的命运，他在小说文体上的思考与梁启超有所不同。梁启超的意义很明确，他要通过有政治意义的口号来掌控小说革命，而卢卡奇则通过分析与论证，看到了小说之为"罪孽时代的史诗"的一面，看到小说文体充满问题和充满悖论的一面。因此，卢卡奇的《小说理论》实际上是对小说文体及其反映的社会历史形态的责难，这既是对小说所做的社会学的建构，也是对小说所做的社会学的批判。当然，卢卡奇的这一定位是存在问题的，其价值判断是有所偏颇的。卢卡奇的学生对此进行了进一步的批判。在费赫尔和赫勒的《美学的必要性和不可改革性》中，一个重要的议题就是对卢卡奇小说理论执着于"总体性真理"进行批判。在费赫尔和赫勒看来，卢卡奇对小说的批判立足于一种具有宏大叙事倾向的保守立场，建构出一套异化的美学等级制，不能看到小说作品作为"客体内容"的具体质性，不能充分地归纳小说中蕴含的个体创造性，这种总体性观念由此"最多是一种设想而已"。相反，费赫尔和赫勒主张一种关注艺术个性的"归纳式批评"，认为"作为'个体的'、活生生的具体的宇宙，'艺术品'的个体性在绝大多数的情况下被视为诗人总体性的一种更好的具体表达，它在更大程度上比经常具有异化—等级特征的'总体化'的体系更加彰显这种具体表达"①。从这一角度来看，卢卡奇的小说理论无疑具有价值判断上的武断性，借用张江教授的话说，他的小说理论是"强制阐释"的结果。②

卢卡奇后来的追随者、法国马克思主义者代表之一戈德曼继承了卢卡奇的这套方法。他在《文学社会学方法论》中做了一项探索性的工作，认为长篇小说和资本主义社会发展之间具有关系同构性，"小说社会学所面临的首要问题是小说自身的形式和小说在其中得以发展的社会环境的结构之间的关系，即是说，作为一种文学式样的小说与个人主义的现代社会之间的关系"③。戈德曼看到，巴尔扎克创作小说的时期也即 19 世纪中叶，是自由资本主义迅猛发展的阶段，它摆脱了封建等级制中的愚昧与不自由，体现出强大的进步活力，促进了人与人之间的良性交往。在以市场为基础的自由发展环境中，人的潜力得到了很大的发挥，人对未来充满着美好的期待和向往。巴尔扎克的小说，恰恰体现了这种生机勃勃的朝气。戈德曼指出，巴尔扎克的作品"可能构成了作为由资产阶级思想所建构的世界的唯一伟大的表现形式。这

① 费赫尔、赫勒：《美学的必要性与不可改革性》，载傅其林编选：《雅诺什的面孔：阿格妮丝·赫勒美学文选》，商务印书馆 2020 年版，第 56—57 页。
② 张江：《强制阐释论》，《文学评论》2014 年第 6 期。
③ 戈德曼：《文学社会学方法论》，段毅、牛宏宝译，工人出版社 1989 年版，第 207 页。

些思想价值是：个人主义，对力量、金钱和情欲的渴望。在其小说中，这整个价值战胜了古代的封建价值：利他主义、慈善和爱情"①。然而，进入19世纪后期和20世纪初，资本主义社会进入一个新的发展阶段，它的内在矛盾开始不断涌现，在这种环境下，人的异化状态接踵而至。在卡夫卡的小说中，甚至有以字母为标题的现象，呈现出和巴尔扎克截然不同的气象。我们读巴尔扎克的小说，比方说《高老头》，会感受到其人物的丰满、内在情感的丰沛，社会家庭关系的宏大画卷历历在目地呈现出来。而在卡夫卡那里，则是"变形记"，日常生活完全扭曲，家庭关系从和睦变成了钩心斗角，巴尔扎克式的社会环境被扭曲化与抽象化了，小说展现出"抛弃了自主的个人意识之不可挑衅的价值并在限制、忧虑和死亡等概念中寻求根基的哲学思想"②。而在以罗伯-格里耶为代表的法国"新小说"兴起的年代，也就是20世纪四五十年代，物的状态、物本身的特质则被摆上前台，在这一时期，小说"放弃了任何企图用别的真实和用写出缺乏主题的，不存在任何施进探索的小说来取代有问题主人公和个人传记的努力"③。可以看到，从这种对历史的梳理中，戈德

---

① 戈德曼：《文学社会学方法论》，段毅、牛宏宝译，工人出版社1989年版，第217页。
② 戈德曼：《文学社会学方法论》，段毅、牛宏宝译，工人出版社1989年版，第194页。
③ 戈德曼：《文学社会学方法论》，段毅、牛宏宝译，工人出版社1989年版，第215—216页。

曼通过对长篇小说的历史分析建构了小说文体的社会学。

如果我们以这种思路来研究中国长篇小说的发展史，也会得出许多非常有价值的看法。我们可以来思考为什么明清时期涌现出一批长篇小说。事实上，美国的一些华裔学者在他们的晚清小说研究中，就指出晚清小说的出现是和社会转型有密切关系的，如休闲时间的变化、印刷技术的进步等。如王德威在《被压抑的现代性》的导言中谈道："晚清的最后十年里，至少曾有一百七十余家出版机构此起彼落；照顾的阅读人口，在二百万到四百万之间。而晚清最重要的文类——小说的发行，多经由四种媒介：报纸、游戏小报、小说杂志与成书。早在19世纪70年代，小说即为报纸这一新兴出版媒介的特色之一。"[1] 在我看来，中国近代社会历史转型体现在小说中的显著的一点就是篇幅的变化。唐代的唐传奇，篇幅往往都很短。到了明清时期，渐渐有了《红楼梦》这样的长篇幅小说。新文学兴起后，长篇小说则得到井喷式发展。而随着数字技术的进步，在当代，网络小说已经动辄上百万字了。为了适应变化的市场需求、人气积累和消费期待，网络小说不得不越写越长，这些变化，事实上都立足于迅猛发展的生产手段、传播媒介和社会生活结构，立足于历史的动态语境。

---

[1]　王德威：《被压抑的现代性——晚清小说新论》，宋伟杰译，北京大学出版社2005年版，第2页。

第三节 ∶
文体的媒介、话语形式与内容 ●

马克思主义文体理论不仅关注文体的历史性存在，形成文体社会学思想，而且对文体作为一种媒介和形式本身进行思考与批评，这涉及马克思主义对形式主义、结构主义、符号学的文体思想的吸纳。对文体本身的思考势必关注到具体作品即一类作品之间的辩证关系，文体之所以可能，在于它提出了一些能够使不同作品间的类似性得以凸显的要素。在《诗学》中，亚里士多德曾从艺术模仿的媒介、对象和方式三种要素出发对不同艺术类别进行界定："历史和悲剧、戏剧和酒神颂以及大部分双管箫乐和竖琴乐——这一切实际上是模仿，只是有三点差别，即模仿所用的媒介不同，所取的对象不同，所采的方式不同。"① 这种定义文体的方法论在西方文论史上有奠基意义。

在马克思主义定义文体的基本要素中，媒介同样是首要

---

① 亚里斯多德、贺拉斯：《诗学·诗艺》，罗念生、杨周翰译，人民文学出版社1962年版，第3页。

的存在。在马克思主义看来，一种文体的存在首先是一种物质性存在，文艺作品必须依托客观的物质载体才得以成为可能，使文艺发生意义的这一物质载体我们通常称为媒介，相同的文艺媒介可以从物质层面标识出一种文体的标准。文学的物质媒介是语言符号，音乐的物质媒介是声音，绘画的物质媒介是颜料，一种特定的媒介往往能归纳出一类作品的物质存在方式。马克思主义对文体媒介的思考充分吸收了亚里士多德的成果，当然也可以说，亚里士多德《诗学》对媒介的研究本身就有着马克思主义加以发扬的唯物主义和现实主义的因素。正因如此，巴赫金尤其看重亚里士多德，他从马克思主义者的立场出发，认为亚里士多德是历史上第一个系统建构文体理论的大家，"就实质而言，关于这些现成体裁的理论，直到今天也未能对亚里士多德早已说过的话做出重要的补充。亚里士多德的诗学至今仍然是体裁理论所依据的不可动摇的基础"[1]。按照亚里士多德的范式，媒介在作品中通常又决定着形式，媒介和形式在不同文体中会形成不同的结构形态。比方说诗歌，它借助语言媒介，然后又在语言媒介上形成了独特的语言形式，这种形式强化语言的节奏、声韵、格律，强化句式的错落感，这种特殊化的语言揭示出诗的文体特征。同样地，音乐取决于声音媒介，但这种声音是

---

[1] 《巴赫金全集》第3卷，白春仁、晓河译，河北教育出版社1998年版，第510页。

突出音的高低、强弱、节拍和有机秩序感的声音，音乐也是在声音媒介中经过特殊形式化后的独特存在方式。这些媒介的形式化呈现，就构成了定义文体的一种内在总体性。

然而，文体的界定又不完全取决于形式化的媒介，它也和作品表达的内容相关联。特定的文体有时会对应特定的内容。比如说诗歌，通常来说是要表达某种情感，这种情感是短暂而又深刻浓烈的，具有意义的深邃感。诗歌通常不会去复述一个很长的故事，即使是叙事诗，也不会把重心放在一五一十地呈现很长的故事上，而是节选一些故事来突出情绪的功能。比如艾青的《大堰河，我的保姆》就是叙事和情感的交织，在其中，故事没有明显的连贯性，而是随着情绪的推进以分节的形式呈现出来。当然，叙事诗也因此与抒情诗成为不同的类型，揭示出诗歌的一种亚类。再比如，戏剧所表现的又是与诗不一样的内容。戏剧通过对话的方式，通常表现世界中高度冲突化的事件。这样看来，我们在界定一种文体的形式时，也应该思考形式及其内容的辩证统一性，思考为什么特定的形式更适合表达特定的一类内容。

在马克思主义文论家中，对文体的形式—内容辩证性探讨得最为细致的、最为成功的理论家有两位，一是卢卡奇，二是巴赫金。巴赫金对长篇小说的研究，就是旗帜鲜明地把它当作一种文体来研究的。在《巴赫金全集》的第三卷中，"文体"的概念到处都可以找到。巴赫金之所以对长篇小说

予以重视，是因为他认为很多古典的文体随着历史的发展已
经式微了，有的甚至消亡了，而长篇小说却仍处于兴盛的阶
段，其未来的可能性还不明朗。对这种时兴的文体进行马克
思主义式的解读，是十分迫切的。在我看来，对于长篇小说
这种文体，中国的文学理论界迄今还没有提出十分具有原创
性的观点，但长篇小说的创作却日新月异，这样看来巴赫金
的理论对我们还是极富启发性的。在《巴赫金全集》的第三
卷中，首要探讨的一个问题是长篇小说作为艺术文体的合法
性。在巴赫金看来，很长的时间里，长篇小说在西方都不能
算作一种具有艺术性的文体，不属于艺术的范畴。这和我们
中国古代很相似，我们的古典文学传统也认为小说是街谈巷
语，难登大雅之堂。但是巴赫金却断定，长篇小说是一种艺
术文体，这一关键判断的立足点在于"文体"，而不是作品。
他并非像雅各布森那样从文学性或诗性功能的角度来判定一
部作品是否属于文学，而是从"是否为文学文体"的角度来
判定长篇小说的制度合法性。巴赫金认为，长篇小说的话语
实际上是一种诗意的话语，只不过现有的诗语观尚不能容纳
它，现有的文学观点都仍囿于传统的诗歌语言观。文学界在
界定文学的时候，都是使用诗的标准来规训所有文学文本
的。在巴赫金看来，这一诗语观是以某些限制性前提为基础
运作的，它认定了一种具有内在统一性的语言规范。亚里士
多德的诗学、奥古斯丁的诗学、中世纪教堂"统一的真理语

言"的诗学、笛卡儿的新古典主义诗学、莱布尼茨抽象的语法通用论、洪堡的具体观念论等，"尽管相互间有微妙的不同，却都表现出了社会语言和思想生活中的同一种向心的力量，服务于同一个任务——欧洲诸语言的集中和结合"[①]。巴赫金进一步对这种话语的强制性进行分析，指出：

> 一种主导语言（方言）战胜其他语言，排挤和迫使其他语言，用真理的语言启蒙别人，使异乡人和社会底层接触文化和真理的统一话语，将各种思想体系程式化，语文学研究和教授死语（因而实际上也必是统一的语言），印欧语言学从众多语言上溯到统一的母语——所有上述的一切，在语言学和修辞学的学术思想中决定了统一语这一范畴的内容和力量；又在受语言和思想领域里同一种向心力影响而形成的多数文学体裁中，决定了这一范畴的创造作用，它的构成风格的作用。[②]

但是，长篇小说的话语则不然。长篇小说体现的不是一种具有向心力的话语，而是提示社会性杂语，这种话语包括

[①]《巴赫金全集》第3卷，白春仁、晓河译，河北教育出版社1998年版，第49页。
[②]《巴赫金全集》第3卷，白春仁、晓河译，河北教育出版社1998年版，第49—50页。

"多种多样的姓名人物、论说见解、褒贬评价",如巴赫金
指出:

> 这时对小说家来说,在对象身上揭示出来的,
> 不是对象自身处女般的完好深邃,而是社会意识在
> 对象身上碾压而成的多条大道和蹊径。与对象自身
> 中的内在矛盾一起,在小说家面前还展现出围绕这
> 一对象的社会杂语。那是在任何对象周围都会发生
> 的巴比伦式的语言混乱;对象自身的辩证法同对象
> 周围的社会性对话交织到了一起。对小说家来说,
> 对象是杂语多种声音的汇合地,也包括他自己声音
> 在内。这些声音为小说家的声音创造了一个必不可
> 少的背景;脱离开这一背景,小说家小说艺术的精
> 到之处,就显露不出来,就"无从表现"。小说艺
> 术家把围绕对象的这一社会杂语色调,提高铸成了
> 完整的形象;这形象身上透露着全部对话的余音,
> 充满对这一杂语中一切重要声音语调的艺术上有意
> 为之的反响……在接近自己对象的所有道路上,所
> 有方向上,话语总得遇上他人的话语,而且不能不
> 与之产生紧张而积极的相互作用。只有神话中的亚
> 当,那个来到不曾有人说过的原始世界发表第一番
> 言辞的孤独的亚当,才真正做到了始终避免在对象

身上同他人发生对话的呼应。然而人的具体的历史
的话语，却做不到这一点，只可能有条件地在一定
程度上避开这种对话。①

　　"对话性"是巴赫金的美学思想的关键词，这一概念与
他评论陀思妥耶夫斯基小说时提到的"复调"紧密勾连。在
他看来，独白这种话语形态是独属于亚当的，人作为一种历
史性的存在不可能具备纯粹的独白，而必须伫立在社会对话
性中才得以成为可能。在对话中，话语必须与他者相遇，并
以回答作为其目标。对话的话语作为时间性存在，"直截了
当、毫不掩饰地把目标指向下一步的回话。它刺激回答，猜
测回答，考虑到回话来组织自身。话语在已有之言的氛围中
形成，同时又受到未发待发、已在意料之中的答话的决定"②。
巴赫金的话语理论是建立在日常生活基础上的，具有"往下
看"的意识。立足于这一基础，我们可以看到长篇小说和历
史中人的具体话语间的内在关系，看到长篇小说不同于神性
独白或宗教话语的一面。长篇小说体现出现代人的日常话语
表达，这无疑与卢卡奇的观点截然不同。卢卡奇虽然也承认
长篇小说是现代社会充分塑造下的文学文体，但他却从危机

---

① 《巴赫金全集》第3卷，白春仁、晓河译，河北教育出版社1998年版，第57—
58页。
② 《巴赫金全集》第3卷，白春仁、晓河译，河北教育出版社1998年版，第59页。

的角度来看待小说，认为长篇小说问题重重，史诗才是更具有合法性的文体。

在《史诗和小说——长篇小说研究方法论》这篇文章中，巴赫金指出：

> 研究作为一种体裁的长篇小说，会遇到一些特殊的困难。这是研究对象本身的特点所决定的，因为长篇小说是唯一的处于形成中而还未定型的一种体裁。建构体裁的力量，就在我们的观察之下起着作用，这是因为小说体裁的诞生和形成，完全展现在历史的进程之中。长篇小说的体裁主干，至今还远没有稳定下来，我们尚难预测它的全部可塑潜力。其他的体裁作为体裁，即作为熔铸艺术经验的某些固定的形式，早在我们熟悉之前就已然是现成的东西了。它们在古代的形成过程，找不出历史的文字记载。史诗在我们了解之前，不仅早已是现成的东西，而且已是极其衰老的体裁。讲到其他的基本体裁，甚至包括悲剧在内，也都可以这么说，尽管要有某些保留。我们所知道的它们存在的历史，就是现成体裁的历史，有着稳定不变的骨架却很少有可塑性了。它们之中的每一种体裁，都已有自己的程式，这程式作为一种现实的历史力量在文学中发挥

着自己的作用。①

从巴赫金对史诗衰亡和小说未定型的描述中，可以认为，马克思主义的文体理论还是对文体的稳定性和普遍性很在意的。对马克思主义而言，文体的制度包含了意识形态的规训力量，驱使一种文体必须适用于特定场合的，恰恰就是社会道德和意识形态的规定力。当然，巴赫金的研究给我们最大的启示，还在于看到马克思主义对文体媒介、语言、形式、结构这些内部文体的重视。在卢卡奇的《审美特性》中，也有关于文体媒介和形式的精彩论述，尤其是对"同质媒介"这一概念的解读。在卢卡奇看来，"同质媒介"既是现实实践的一种提取物，又不可避免地包含了主观层面施加的力量，"同质媒介首先表现为对世界统觉的限定，作为将世界的各种要素、对象性形式和关联形式还原为由这种态度的立场可以知觉到的东西，也就是说它不仅涉及所感知和所表现的内容，而且也涉及它的表现方式"②。卢卡奇认为，文体媒介是一个主观与客观、形式与内容、暂时与永恒相辩证的产物，这一对文体本身的阐释与定义深刻体现出马克思主义辩证法的魅力。

---

① 《巴赫金全集》第 3 卷，白春仁、晓河译，河北教育出版社 1998 年版，第 505 页。
② 卢卡契:《审美特性》第 2 卷，徐恒醇译，中国社会科学出版社 1991 年版，第 114 页。

第四节 ●
历史小说论 ●

　　关于马克思主义的文体理论,"历史小说"这种文体是一个关键问题。众所周知,人类近现代历史上涌现出了一大批杰出的历史小说。在中国,我印象比较深刻的有姚雪垠的《李自成》,这是五卷本的长篇历史小说,积四十年之功而成。还有唐浩明的《曾国藩》三部曲,作品对曾国藩治家、治国的才能乃至他的学术修养有很直观的描述,仿佛曾国藩的事情就发生在身边。在西方,有我们熟悉的奥斯丁的《爱玛》、卢梭的《新爱洛依丝》等。如何从马克思主义文体理论的角度来理解历史小说呢?首先,我们可以看到历史小说的功能在于将历史的故事真实地呈现出来,历史小说描绘的对象就是历史的真实事件。但是,历史小说又不等同于纯粹的历史叙述,也不是街边讲的历史故事,它并不完全地对历史进行镜像式的复刻,也包含着筛选、加工甚至虚构的部分。同时历史小说展现出对细节的高度关注,比方说,我们叙述拿破仑进攻俄国,在平常的聊天里,很可能一句话就把它带过了。但是历史小说却要对拿破仑跨过尼曼河的情态、心理、背景等进行特写式的描写，它往往要通过具体的渲染和选取有代表性的意象或人物来把历史鲜活地呈现出来。

卢卡奇曾经读过大量的历史小说，在 20 世纪 30 年代，他从现实主义的立场出发，对历史小说的文体特质进行了集中的思考。卢卡奇的理论基点在于认为历史小说是对历史真实的再现。在当今，我们所接触到的历史小说，有相当部分并没有对历史进行真实的再现，而是以戏剧化、虚无化乃至妖魔化的方式创造出一批具有戏谑意味和娱乐精神的作品。这类作品包括我们在电视上看到的古装剧。但在卢卡奇这里，这些作品显然不能称为历史小说，因为历史小说的合法性基础植根于对历史真实的呈现，没有体现出历史真实的历史小说是失败的产物。然而在卢卡奇看来，并非栩栩如生地复现帝王将相的历史小说就一定呈现出历史真实，历史的真实不在统治阶级那里，而在广大群众的生活中。如何通过历史小说呈现出恢宏时代下人民大众的日常实践，是卢卡奇历史小说理论的关键，也是卢卡奇文学理论的很重要的一点。历史小说呈现大众的真实，这一观点具有鲜明的马克思主义价值观。马克思在批评拉萨尔的剧本时，就认为拉萨尔如果只是体现出中世纪没落阶级的骑士生活，就看不到历史发展的真正力量所在，他也由此更加"席勒化"而非"莎士比亚化"了。究其原因，就在他没有对日益崛起的市民阶层和人民大众的社会作用进行刻画，而马克思则主张"我们不应该为了观念的东西而忘掉现实主义的东西，为了席勒而忘掉莎士比亚，根据我对戏剧的这种看法，介绍那时的五光十色的平民社会，会提供完全不同的材料使剧本生动起来"①。不仅如此，卢卡奇还认为，历史小说的文体特性还在于对"中间人物"的刻画。所谓"中间人物"，就是那些既知晓上层社会，又对普通老百姓生活了如指掌的中间阶层。"中间人物"把历史小说中"极端性的斗争力量，把艺术表现的社会巨大危机性冲突彼此联系起来。这个主人公处于情节的中心。借助这种情节，就可以找到并建立起中立的基础，在这个基础上，社会斗争力量的各个极端可以被引入人类关系之中"②。正因如此，只有通过刻画"中间人物"，历史才能更加真实地呈现在我们眼前，历史小说才能释放出它与一般长篇小说最不同的特质。

卢卡奇的历史小说理论是"社会主义现实主义"思潮盛行下的产物，到了当代，这一文体理论显然遭遇了危机。卢卡奇的学生赫勒在 2010 年写了一本书，名为《当代历史小说》。这本书目前只有匈牙利语版，只有一篇文章用英文译出。在赫勒看来，卢卡奇的历史小说理论虽然在当时发挥了很大的作用，但却是依据宏大叙事建构出来的文体理论，

① 《马克思恩格斯全集》第 29 卷，人民出版社 1972 年版，第 585 页。
② Georg Lukács, *The Historical Novel*, trans., Hannah Mitchell and Stanley Mitchell, Lincoln: University of Nebraska Press, 1983, p. 3.

它"适用于古典历史小说的细致分析，但是在后经典的现代历史小说的分析中，它根本不起作用"[1]。赫勒尤其批判了卢卡奇的"中间人物"论。她举了一个很重要的例子——翁贝托·艾柯的《玫瑰之名》。《玫瑰之名》从一系列发生在宗教场所的谋杀案写起，故事中穿插了各种调查与破案的细节，在不断的反转后，最终揭示谋杀与藏匿于图书馆的异教文本有关，因为要阻止他人接近这些文本，才有了一个个的毒杀惨案。作为符号学家，艾柯在这本小说中设计了很精巧的叙事结构，当下有很多人把它视为杰出的侦探小说或者是流行小说。不过赫勒认为，《玫瑰之名》事实上是后现代的历史小说。在后现代的历史小说中，历史的终极意图不断处于游移和置换的状态中，历史的总体性在叙事中不断地被消解，这与后现代多元化趋势的出现是相关的。赫勒在阅读了许多21世纪出版的历史小说之后，发现这些小说的描写对象主要集中在两个时期，一是罗马帝国崩溃的时期，一是文艺复兴及大革命时期。当代的历史小说家就喜欢写这些题材，而且他们在写作的过程中，并没有对卢卡奇所谓的"历史真实"有多大关注，甚至觉得"历史真实"是不可企及的，转而拥抱一种主观化的历史书写。这一批后现代的历史小说家形成

---

[1] Agnes Heller, "Historical Novel and History in Lukács", in Agnes Heller and Ferenc Fehér, *The Grandeur and Twilight of Radical Universalism*, New Brunswick: Transaction Publishers, 1991, p. 286.

了一种新的"历史意识"（historical consciousness），但这不是卢卡奇式的"历史—阶级意识"，也不是海德格尔意义上的那种历史本真存在，而是变化的、多元的、反思性的历史意识。赫勒于是指出："当代历史小说家写的历史是复数式的，没有任何形式的世界历史。"① 也就是说，后现代的历史小说不再追求宏大叙事的特点和稳定性实体的呈现，它放弃了全知全能的视角，而是追求差异与偶然，采用个体化的视角。以此为基础，小说对历史人物的选取也就发生了变化。英雄政治家不再成为历史小说的主角，而艺术家、画家、学者、诗人、商人成为主角。甚至还有的小说把主角定为咖啡，叙述咖啡的历史。这样看来，赫勒超越了卢卡奇的历史小说理论。从卢卡奇的理论来看，后现代的历史小说显然不能称为真正的历史小说。但从赫勒的角度看，卢卡奇的历史小说理论又展现出总体性的专制，"因为它们共享了宏大叙事的视域，传统历史小说关于当下的过去和历史的过去讲述了非常相似的故事"②。

赫勒和卢卡奇的两种形态的历史小说理论都有其合理性所在，这是因为，在过去一百年里，我们的确见证了历史意识的转型。在卢卡奇所处的时代，历史意识通常更多以总体

---

① 赫勒：《当代历史小说》，载傅其林编选：《雅诺什的面孔：阿格妮丝·赫勒美学文选》，商务印书馆 2020 年版，第 298—299 页。
② 赫勒：《当代历史小说》，载傅其林编选：《雅诺什的面孔：阿格妮丝·赫勒美学文选》，商务印书馆 2020 年版，第 295 页。

性样式表现出来，政治斗争与社会革命使个体命运随集体命运而沉浮。在这样的文化环境下，历史小说天然具有呈现整体意识的使命，有义务去概括普罗大众的一般情绪，而且也能有充足的手段去复现这种历史统一性。而在赫勒身处的时代，人的价值观已经失却了一种普遍性，价值的表征都依赖于一个相对的语境，多元历史观就很可能在碎片化的、非线性的后现代叙事中找到其呈现形式。而这样看来，历史意识和特定的叙事技巧就又形成了一种相对统一性，后现代的历史意识就又在一种特殊的"审美形式"中找到其栖居地。

总之，从亚里士多德到当代理论家，对文体的思考始终是文艺学和美学不可忽视的一部分。马克思和恩格斯密切关注戏剧、小说、诗歌等文体。马克思主义对文体的认识在文体理论或艺术美学的体系中占有重要地位。马克思主义者自觉地对"马克思主义文体理论"进行了宏大的理论建构，提出了有关文体的有效性、文体的结构形式、文体的社会历史性的理论，并从唯物辩证法和历史唯物主义的角度对文体进行细致阐发，为马克思主义文体美学做出了重要的贡献。

研讨专题

1. 马克思主义为什么将文体视作社会性产物？

2. 卢卡奇与巴赫金对小说文体的看法有何异同？

3. 文体作为一种规范性制度是否束缚文学的个性创作？

4.赫勒对卢卡奇历史小说理论的突破有何种体现?

拓展研读

1.亚里斯多德、贺拉斯:《诗学·诗艺》,罗念生、杨周翰译,人民文学出版社 1962 年版。

2.卢卡奇:《小说理论:试从历史哲学论伟大史诗的诸形式》,燕宏远、李怀涛译,商务印书馆 2018 年版。

3.布莱希特:《布莱希特论戏剧》,丁扬忠等译,中国戏剧出版社 1990 年版。

4.刘勰著,范文澜注:《文心雕龙注》,北京:人民文学出版社 1958 年版。

5.弗雷德里克·詹姆逊:《语言的牢笼:马克思主义与形式》,钱佼汝、李自修译,百花洲文艺出版社 1995 年版。

6.阿拉斯泰尔·福勒:《文学的类别:文类和模态理论导论》,杨建国译,南京大学出版社 2018 年版。

结　语　在传承中创新的马克思主义文学理论

时至今日，国内外不少学者坚信："当今世界需要马克思主义作为前进的路标。"[1] 萨特在《辩证理性批判》中说，"我把马克思主义看作我们时代的不可超越的哲学"，因为"产生它的那些历史条件还没有被超越"[2]。当今西方思想界炙手可热的、也是大家很感兴趣的齐泽克，同样认为马克思主义对商品拜物教的分析具有时代超越性。我认为，马克思主义之所以仍未过时，可以从三个方面来看。

第一，马克思主义对受制于美苏冷战下的许多国家来说，仍然是分析其社会现象、寻找其发展方向的利器。这种情况集中表现在东欧的国家中。这些国家曾经受制于斯大林体制的控制，在苏联解体后又无法迅速地融入西方自由主义的意识形态话语之中，暴露出种种社会怪象。东欧国家的知识分子于是从马克思的《巴黎手稿》入手，提炼出一种人道主义

---

[1]　陈学明等：《西方马克思主义在中国的历程与影响研究》，天津人民出版社 2020 年版，第 580 页。

[2]　萨特尔：《辩证理性批判》，徐懋庸译，商务印书馆 1963 年版，第 2、24 页。

的马克思主义哲学，在数十年的民主运动中试图付诸实践，以此为国家民族在后冷战时代的前进奠定新的方向。

第二，马克思主义作为一种批判哲学，对于社会的核心问题具有深刻的洞察力。马克思对资本主义"剩余价值"问题的本质性揭示是一针见血的，但人类经济学本身在发展变化，这意味着并非要将马克思的政治经济学照搬于当下才显示出其合理性，而是说要继承其活的方法。马克思主义作为一种方法论绝不是教条式的神话，而是与时俱进的。它主张"对现存的一切进行无情的批判"[①]，甚至对批判本身进行反思和批判，这种批判精神是马克思主义的精髓所在，也是各个时代都不可或缺的一种力量。

第三，马克思主义批判继承了许多优秀的传统思想与文化。有的人会认为马克思主义主张与所有传统生产关系进行彻底的决裂，是完全独创性的思想，这是十分片面的看法。马克思主义哲学的形成本身离不开费尔巴哈的唯物主义、傅立叶等人的空想社会主义以及英国古典政治经济学，离不开德国古典哲学尤其是黑格尔辩证法的传统。不仅如此，马克思本人还对人类优秀传统文明，尤其是古希腊的文明赞赏有加。他的博士论文《德谟克利特的自然哲学和伊壁鸠鲁的自然哲学的差别》就是对古希腊先贤哲学所进行的讨论。在

---

① 《马克思恩格斯文集》，人民出版社 2009 年版，第 7 页。

《政治经济学批判》的导言中，他更是指出："为什么历史上的人类童年时代，在它发展得最完美的地方，不该作为永不复返的阶段而显示出永久的魅力呢？有粗野的儿童，有早熟的儿童。古代民族中有许多是属于这一类的。希腊人是正常的儿童。"① 他认为希腊文明的艺术和史诗在现代仍然具有充沛的生命力，是"一种规范和高不可及的范本"。从这里可以鲜明看出马克思主义对古代文明的重视。

马克思主义生命力的一大表现，就在于它能够汲取人类文明的优秀成果，用传统的力量增益、促进先锋的批判力量。马克思主义中国化的一大要义，也是要求我们通过马克思主义激活中华优秀传统文化的菁华，加以批判继承。党的二十大报告就指出："坚持和发展马克思主义，必须同中华优秀传统文化相结合。只有植根本国、本民族历史文化沃土，马克思主义真理之树才能根深叶茂。"② 反过来，中华优秀传统文化也需要马克思主义的阐释。德国阐释学家施莱尔马赫曾经指出，阐释具有"对话性"（dialogical character），它不是阐释者单向度地去理解原作者的本意，而是二者之间展开的对话。阐释就是一种对话，对传统的阐释也就是与传统的对话。我们如今谈对中华优秀传统文化的继承，就是以马克思主义

① 《马克思恩格斯全集》第 12 卷，人民出版社 1962 年版，第 762 页。
② 习近平：《高举中国特色社会主义伟大旗帜　为全面建设社会主义现代化国家而团结奋斗——在中国共产党第二十次全国代表大会上的报告》，人民出版社 2022 年版，第 18 页。

的科学原理对话先人的智慧，用时代的标尺去理解传统，也借传统的力量推动变革，使传统更好地适用于当下。

马克思不仅高度评价古希腊文明，而且对西方的文学艺术传统也如数家珍。在马克思留存的文献中，可以看到大量关于西方经典作家的洞见。比如说莎士比亚。莎士比亚笔下的哈姆雷特高呼"人是一件多么了不起的杰作"，通常被视为文艺复兴时期人的主体觉醒和个性启蒙的代表。但马克思却恰恰看到了莎士比亚作品对社会和历史复杂性的洞察。他在给斐·拉萨尔的信中提出"莎士比亚化"和"席勒式"两个范畴，指出"席勒式"的文艺观是一种从抽象的时代精神出发进行的文艺创作，缺乏日常生活气息，拉萨尔的剧本《弗兰茨·冯·济金根》正是"席勒式地把个人变成时代精神的单纯的传声筒"[①]。相反，"莎士比亚化"的文艺形态深入现实的复杂性之中，得出了许多哲学家都看不到的锐见。譬如莎士比亚《雅典的泰门》中对黄金的描述——"金子，只要有一点儿，／就可以使黑变成白，／丑变成美，／错变成对，／卑贱变成高贵，／懦夫变成勇士，／老朽的变成朝气勃勃"，就经常被马克思引用。马克思说莎士比亚作品对货币本质进行描画的诗句，比"我们那些满口理论的小资产者知

---

① 《马克思恩格斯全集》第29卷，人民出版社1972年版，第574页。

道得更多"①。恩格斯对莎士比亚作品的丰富生活气息也有清楚的认识，他在给马克思的信中也赞赏道："单是《风流娘儿们》的第一幕就比全部德国文学包含着更多的生活气息和现实性。"②

马克思对莎士比亚作品具有"现实复杂性"的理解在东欧马克思主义理论家中有直接的继承。卢卡奇的学生阿格妮丝·赫勒（Agnes Heller）就认定莎士比亚的戏剧充满了对断裂的时间意识、对此在偶然性的洞察。"在莎士比亚的故事中，一个人在突然时刻所做的事情，属于偶然的元素。"③ 莎士比亚的戏剧不是要揭示作为宏大叙事的时代真理，而是取消了观念的超验性，赋予每一个人物以历史此在式的独特自觉意识，让人物在日常命运的交错中周转起伏，就此呈现历史本身的悖论性、多元性与复杂性。捷克斯洛伐克的批评家伊凡·斯维塔克（Ivan Sviták）也认同《哈姆雷特》"是一部关于生命意义不确定性的戏剧"④。斯维塔克指出哈姆雷特的悲剧性就在于他对一切行动价值的怀疑，在于他在意义悖论面前的无所适从。正因为揭示了总体性意义的崩坏，抛掷出对存在意义的质疑，《哈姆雷特》是具有现代性品格的剧作。

① 《马克思恩格斯全集》第 3 卷，人民出版社 1960 年版，第 254 页。
② 《马克思恩格斯全集》第 33 卷，人民出版社 1973 年版，第 108 页。
③　Agnes Heller, *The Time is Out of Joint: Shakespeare as Philosopher of History*, Maryland: Rowman & Littlefield Publishers, Inc., 2002, p. 4.
④　Ivan Sviták, *Man and His World: A Marxian View*, New York: Dell Publishing Co., Inc., 1970, p. 99.

带着这些马克思主义者的批评重新阅读《哈姆雷特》，就会发现"人是一件多么了不起的杰作"与其说是对人性的讴歌，不如说更多地具有了反讽的色彩。

从以上例子可以看到，马克思主义在不同时代都具有强大的阐释力，能够回应一个时代最核心的关切。这里的关键在于把握马克思主义批判精神与辩证方法，灵活运用马克思主义活的方法论，而不是把它视为律令。马克思主义之所以被不少人误解和歪曲，很大程度上因为它在苏联模式下发展为了一种僵化的、自闭自封的、教条主义的哲学，使哲学成为政治的工具，成为反过来控制人的官僚意识形态，从而失去了对时代的批判效力。在这种教条主义意识形态下，"任何新的东西都是异端，理论地去思考问题的能力被视作一种缺陷"[1]。一旦它失去了回应鲜活现实的能力，在新的社会人文现象面前苍白无力，人们自然就弃而厌之。正是因为不满于此，在西欧与东欧出现了一批马克思主义者，他们从马克思主义的理论渊源出发，通过对话同时代的不同思想，形成了对马克思主义新的理解和运用，使马克思主义总是对现实保持鲜活的活力。

20 世纪世界文学理论体系在人文学科领域无疑尤为耀眼，而其中一个不容忽视的重要构成领域，则是在经典马克

---

[1]　Ivan Sviták, *Man and His World: A Marxian View*, New York: Dell Publishing Co., Inc., 1970, p. 37.

思主义基础上创造性发展的马克思主义文学理论。现代马克思主义文学理论传承了经典马克思主义的文本话语、基本理论和精神特质。当代马克思主义文艺理论家不仅大都有着马克思主义革命实践经验，积极通过实践改变世界，转变现实生活，而且重视经典马克思主义著述的引述及其核心命题的具体阐释。伊格尔顿在《马克思主义文学理论》中颇为中肯地指出，从 19 世纪后期到 20 世纪末的马克思主义批评都与马克思主义理论内部的一定区域相对应，形成人类学、政治、意识形态、经济四种主要模式。但是伊格尔顿所总结的四种模式没有充分地彰显当代马克思主义文学理论所传承经典的主要内容，而应该把四种模式拓展调整为实践论、历史论、符号论、文体论等基本理论命题。

这些基本命题可以概括马克思主义文学理论的主要成就，可以说是经典马克思主义理论的继承，是经典马克思主义的基本命题与方法论在文学理论领域的具体化、系统化与知识话语的普遍化，在世界文学理论体系中占据独特的空间，受到学界密切关注或广泛认同。不仅如此，当代马克思主义文学理论在传承中突出理论创新，在具体化与系统化的过程中进行了历史语境的转换、知识话语的融汇和理论原创性之追求。

当代马克思主义文学理论以践行历史唯物主义的精神，实现了经典马克思主义历史语境的转换。马克思恩格斯所置身的社会现实与政治语境是自由资本主义阶段，文化现象与生产方式主要扎根现实主义形态,而当代马克思主义是处身于帝国主义、跨国资本主义或者说晚期资本主义、消费社会、信息社会、后工业社会等历史语境中,现代主义形态纷至沓来,后现代主义文化疯狂蔓延,文艺生产与消费方式急剧转型,人类历史的积淀与视野进一步演进。因而立足现实,把握历史性与当下性,本身就赋予了当代马克思主义文艺理论的生命力,带来马克思主义阐释现实文化现象的能力,从而推动富有时代性的多元文艺理论建构,于是浪漫主义、现代主义、后现代主义被辩证地理解,超越了现实主义理论的历史视域。

马克思主义文学理论形成了系统的知识体系。知识话语的融汇更新了马克思主义文学理论的概念范畴与批评方法,使当代马克思主义文学理论更有效地切入富有审美形式化的文艺实践,形成了理论与实践的良性互动的循环,从而突出了马克思主义文学理论的合法性。当代马克思主义文学理论以文艺作品的审美形式与审美感性为核心,广泛融入现代思想话语体系,实践美学与现象学、存在论碰撞,审美现代性与社会理论、知识社会学融合,革命政治美学与语言符号学纠缠,意识形态与精神分析抗衡,因而其理论超越了认识论的限度,也超越了经典马克思主义所涵盖的知识体系,融合了实践存在本体论、语言符号学、精神分析学、现代经济学、社会功能系统理论等知识话语与思维方法,显示了当代马克思主义文学理论是最新最重要的知识话语体系彼此碰撞之火花的凝聚，彰显出马克思主义文学理论体系的开放性。

马克思主义文学理论具有原创性思想。这是当代马克思主义文学理论取得创新性成效的关键。文学理论形态在不同的理论家那里是有显著差异的，文学理论家从切身的文学经验出发，挖掘经典马克思主义的闪光点，占据当代思想星座的个体位置，独立地进行文本书写，在一定意义上文学理论著述成为一种文学原创。因此，进入一个文本就进入一条思想探索的隧道，为文学思考打开了一个个新世界，避免了教条主义、理论制度化问题。"物化""文化霸权""灵韵""文化工业""情感结构""征候阅读""发生结构主义""文化逻辑""日常生活革命""文化唯物主义"等概念令人耳目一新，震撼心灵，富有阐释力，激活马克思主义的生命力和人类历史文化传统的生命力。正如习近平总书记所指出的："把马克思主义基本原理同中国具体实际、同中华优秀传统文化相结合是必由之路。这是我们在探索中国特色社会主义道路中得出的规律性的认识，是我们取得成功的最大法宝。""结合"的结果是互相成就，"造就了一个有机统一的新的文化生命体，让马克思主义成为中国的，中华优秀传统文化成为现代的，让经由'结合'而形成的新文化成为中国式现代化的文化形态"①。

---

① 《担负起新的文化使命　努力建设中华民族现代文明》，《人民日报》2023 年 6 月 3 日。